JN187466

初心者でも
自分で
買えるように
なるための

株式会社キープラン　代表取締役
不動産投資コンサルタント
竹内 健太
Kenta Takeuchi

不動産投資入門

はじめに

近年、書店の投資本コーナー棚をながめてみると、不動産投資関連の書籍がズラリと並んでいます。その多くは、これから不動産投資を始めるサラリーマンの方々を想定読者としているものです。

しかし、不動産投資には、他の投資と違う特徴やリスクがあります。これらを知らずに投資を行い続けると、軌道修正することが困難で、結果的に「損」を継続的に出し続ける危険性があります。そこで私は、不動産を保有することを目的としない、本当の意味でのベーシックな不動産投資に関するテキストを世に贈りたいと思い、本書を執筆しました。

▼投資をしなければ「損」をする社会に変貌

ゼロがたくさんついている金利からわかるとおり、銀行に貯金をしていてもお金はほとんど増えません。普通預金にまだ影響はありませんが、マイナス金利とは預けることで手数料を取られて資金が減ることになります。では、タンス預金にしますか？

万が一、火事になったら、どうでしょう。火災保険では、高額な現金は補償してくれません。金庫に入れたからと言って万全ではありません。泥棒や詐欺に遭うという危険性もあります。また、政府はデフレ脱却からインフレを目指しています。最近、スーパーで物の値段が上がったことを実感している人も多いでしょう。インフレとは、たとえばリンゴ1個が50円で買えたものが、80円出さないと買えなくなることを意味します。つまり、お金の価値が下がるのです。

投資をしないという選択は、一見リスクがないように見えますが、今の日本社会においては確実に「損」をするという状況になったのです。

そういった状況を危機と感じ、投資を考える方が増えてきました。しかし、投資を始めようとしても知識も資金もない人がほとんどです。株を始めるにはある程度の元手が必要です。ＦＸ（外国為替証拠金取引）も少額で始められますが、サラリーマンの仕事をしつつ変動するチャートを確認しながら安定的に増やすのは大変です。

▼最初の1棟目がなぜ大切なのか？

投資の中で、唯一元手となるお金を借りることができて、手間をかけずにできるのが不動産です。自己資金を1円も出すことなく、今まで培ってきたサラリーマンという「信用」を活用し、すべて「融資」で購入することができるのです。しかも、金融緩和の影響でハードルが下がっており、今まで年収などの制限により参加できなかった方々も融資を受けられるようになりました。ただし、私はこのような状況を危惧してもいます。

書店に並ぶ不動産投資関連本の多くは、実際に投資をしている人の経験談を記載しています。その多くは「総資産○億や年間収入○千万円」などと、物件をたくさん保有することが成功のように書かれています。確かに、1棟のみ保有という状況に比べると、数棟、場合によっては数十棟保有している状況の方が様々なリスクは軽減します。戸数が増えることにより1部屋当たりの空室リスクは薄まりますし、地方各所に物件を分散して保有することで地政学リスクを回避できます。しかし、物件を保有する段階では成功はまだ確定していません。大事なことは、どんな不動産環境になっても、臨機応変に対応できる状況を作っておくことです。

とくに強調しておきたいのは、最初の1棟目の大切さです。不動産投資は中長期にわたる投資なので、1棟目の選択を間違えてしまうと、その後の戦略に影響を及ぼしてしまうのです。場合によっては手遅れになってしまうこともあります。

本書では、手遅れになる方々を増やさないために、どのように1棟目を選択すればいいのかを、不動産投資の基礎からわかりやすく説明しています。本書を読むことによって、どのように考え、どのような物件を購入するべきなのかが明らかになるかと思います。

▼ブームだからこそ、正しい知識が必要

不動産投資はニッチな産業です。事実、あなたのまわりに、マンション経営やアパート経営をしている方はどのくらいいるでしょうか。まったくいないか、いたとしても数える程度でしょう。つまり、書店で起こっているのは「ブーム」です。

ブームに乗るのは悪いことではありません。たしかにチャンスは到来していますし、正しい知識を得て、正しい手順で取り組めば、不動産は心強い資産になります。ただ、そのベースとなる知見がなければ、失敗する可能性も高まります。

私のところに相談に来る方も、購入段階で失敗してしまっているために、家賃の値上げとランニングコストの削減を実施しても収支がプラスにならず、損切りで物件を売却するしか手がないという方もいます。購入時の資料を見させていただくと、突っ込みどころ満載の甘いシミュレーションに踊らされているのです。

これから先、不動産投資ブームにあやかって、不動産業者は物件をたくさんさばこうと躍起になるはずです。そのときに、正しい知識を持っていなければ、条件の悪い物件をつかまされてしまう可能性があります。ブームが去ってしまえば、よい条件で売り抜けるのも難しくなります。

そうならないために、ぜひ本書で基礎知識を身につけてから実践してください。

▼「優れたオーナーになるには」という視点

とくに不動産投資で忘れてならないのは、投資家自身がオーナーとして物件を運営する投資であるという点です。つまり、株やＦＸなどの他の投資と比較してみたとき、より経営的な側面が強くなるのです。たしかに、いい物件を見つけることは大切です。優良な物件さえ見つかれば、それほど苦労することなく、資産形成ができることもあります。しかし、「物件を購入すればそれで完了」というものではないのです。

販売業者、融資先、管理会社、リフォーム会社、その他さまざまな人々と関わりあうことで物件の価値を変えていけることが不動産投資の醍醐味でもあります。たとえば、利回り13％の物件でも築40年以上経過している地方物件であれば、銀行の選択肢は限られます。さらにリフォーム代が今後２０００万円かかるとなれば、とても良い投資とは言えません。仮に現状はキャッシュフローが出ても、将来、売却できるかどうかわかりません。

利回りとは、リスクと比例関係にあります。全体を見る目が、不動産投資の成否を分けるポイントになります。

したがって、いい物件を見極めるポイントを知っただけで不動産投資をはじめるのではなく、本書で総合的な基礎知識を身につけたうえで、「優れたオーナーになるには」という視点で、ぜひ学び続けてみてください。

２０１６年４月

株式会社キープラン　竹内健太

目次

第3章

実践不動産投資①

目標を設定する

第4章

実践不動産投資②

融資の受け方

第5章 実践不動産投資③ 物件の選択・購入

装丁 中西啓一（panix）
本文デザイン 飯富杏奈（Dogs Inc.）
DTP・図表制作 横内俊彦
編集協力 山中勇樹

第1章

なぜ今、
不動産投資なのか

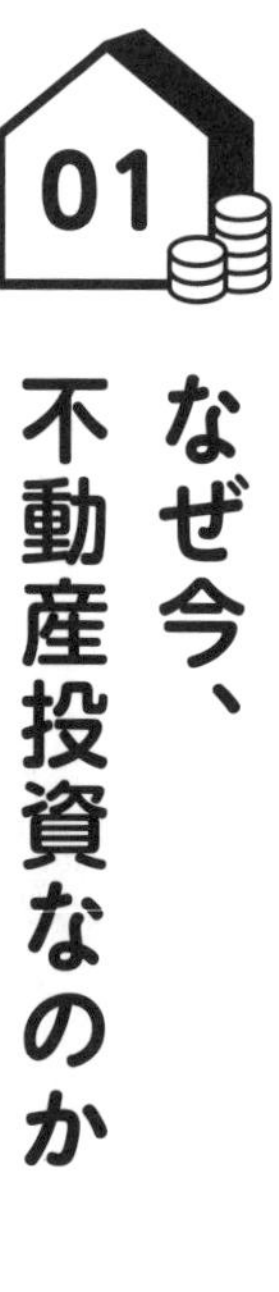

なぜ今、不動産投資なのか

本章では、不動産投資とはどのようなものなのかをご理解いただくために、まず投資とは何か、という話から説明します。

▼投資とギャンブルはどこが違う？

投資とは、**将来の資産を増やすために、現在の資産を投じること**を言います。「自分への〝投資〟として、今のうちに勉強する」のような言い方をすることもあります。

それにもかかわらず、「投資のイメージは？」と聞くと、「リスクが大きい」「素人には難しい」「不安・心配」「損をする」という回答がほとんどです。中には「ギャンブルみたいなもの」と答える人もいます。

たしかに同じように扱われている場合もありますが、投資とギャンブルは本来まったく違うものです。

・投資……株・投資信託・FX（外国為替証拠金取引）・先物取引・金（ゴールド）・不動産

・ギャンブル……パチンコ・競馬・宝くじ・カジノ

まず還元率（集まったお金が勝者に配分される％）が投資とギャンブルでは大きく異なります。ギャンブルは、パチンコ80％、宝くじ48％と還元率は100％に達しません。これは広告費や場代、胴元の利益が差し引かれるからです。しかし、還元率が100％を超えることが続けば、これを投資と呼びます。たとえば、株式投資では、1年間株式を保有した場合、還元率は105％くらいになります。

また、投資とギャンブルの重要な違いは、**リスクをコントロールできるか**どうか、です。投資では、投資額やルールを自分で決め、過去の推移を参考にし、経験や知識を頼りに戦略を立てることができます。

一昔前まで、投資とは一部の金持ちや資産家だけがやっているイメージでした。しかし、最近では芸人やアイドルが株式投資の話をテレビでするなど、以前よりずいぶん身近なものになってきたように感じます。

▼サラリーマンにピッタリな実物不動産投資

さて、ここからいよいよ不動産投資の話に移ります。

ひとくちに「不動産投資」と言っても、その種類はさまざまです。大きく次のように分類することができます。

❶実物不動産投資

実際にマンションやアパートを購入し、賃料収入によって利益を得る投資法。一部屋のみを購入する区分投資と、土地と建物を購入して行う1棟投資がある。

❷ 小口化不動産投資

同じ物件に対し、複数の投資家が投資する手法。少額でも億単位の高額な物件に投資でき、賃料収入は持ち分にしたがって配当される。

❸ 不動産投資信託（REIT）

投資家から集めた資金を、ファンドが不動産に投資し、その賃貸収入や売買益を投資家に分配する商品。不動産に投資を行うが、法律上は投資信託の仲間である。

本書で紹介している不動産投資とは、家賃収入によって所得を得る①の「**実物不動産投資**」です。マンションやアパートなどを購入して、入居者に貸し出すことで運用します。いわゆる「マンション経営」「アパート経営」と呼ばれるもので、自分が住むためではなく、その物件のオーナーになって賃料収入を得ることを目的とします。

実物不動産投資の手法は、これまでは地主など、すでに土地を持っている人がアパートやマンションを建てて行うのが一般的でした。しかし、本書で私がお勧めしているのは、**普通に会社勤めをしているサラリーマンの方々が、金融機関から融資を引いて土地と建物**

を購入するというものです。賃貸収入という、給料以外の収入が得られるようになります。

居住用のマンションを購入するときのように、1部屋だけ購入するのではありません。1部屋（区分）や小口化不動産投資、不動産投資信託と違って、土地・建物をそのまま購入するため、不動産市場の影響をダイレクトに受けることができます。

▼これからは自分の資産を自分で運用しなくてはならない時代へ

日本には長らく「終身雇用・年功序列」という文化がありました。同じ会社に一生勤め、年齢とともに年収も上っていったのです。定年退職時にまとまった額の退職金がもらえ、年金制度も充実しているので豊かな老後生活を送ることが可能でした。

しかしここ数年で、状況は大きく変わりました。海外の成果主義を取り入れる企業が増え、仕事がうまくいっているときは給料は以前より増えますが、病気になったり仕事がうまくいかなくなったとき会社をクビになるという不安がつきまといます。さらに、将来、年金がもらえるかどうかわかりません。多くのサラリーマンがそのような将来の不安に対し、自身で対処する必要が出てきたのです。

「今あるお金を増やす」という観点から考えると、昔は定期預金が一般的でした。利率3%という商品もあり、リスクを考えることなく、お金を増やすことができました。元々、日本ではお金の話はタブー、学校教育も含め、お金の運用を学ぶ場が極端に少ないのが実情です。アメリカは、資金の50%を資産運用しているのに対して、日本では15%ぐらいというデータもあります。多くの方は、投資をしようとする場合、独学で挑戦しているのが実態なのです。

▼不動産投資が他の投資商品と異なる点

さて、様々な投資商品と比較した場合、不動産投資が大きく違う点が2つあります。

1つ目は、**手がかからず、常に気にかける必要がない**ことです。株やFX、先物取引などは常に市場が変動し、リーマン・ショックのような暴落が起こる危険性もあります。しかし、不動産投資は物件を購入してしまえば、入居者が住んでさえいれば、常に家賃が入ってきます。日々の経済状況などを気にする必要はありません。

2つ目は、**レバレッジを活用することにより、現在の収入や資産をはるかに超えた資産**

形成が可能となることです。

物件の価格は最低でも数千万円から数億円まで、とても高額です。「そんなものを買う貯金はない」と思われる方も多いかと思います。そこで融資を利用します。他人（金融機関）のお金で運用できる投資は、不動産だけでしょう。これがいわゆる「レバレッジ（てこの作用）」です。「株をやりたいからお金を貸してくれ」と言ってもどこも貸してくれません。とくに今（２０１６年４月）、量的な金融緩和のおかげで裾野が広がっているため、今まで不動産投資にチャレンジできなかった人たちが参入することが可能になっています。サラリーマンでも１億円の物件を持つことが可能なのです。

▼インカムゲインとキャピタルゲイン

投資のリターン（収益）を考える際、必ず覚えていただきたいのが「**インカムゲイン**」と「**キャピタルゲイン**」です。

インカムゲインとは、資産を保有することによって安定的・継続的に得られる現金収入のことです。不動産投資におけるインカムゲインは家賃収入になります。

それに対し、不動産・証券などの資産が値上がりした後にそれを売却して得られる利益のことをキャピタルゲイン（譲渡益）と言います。

不動産投資には、**不動産を運用することでインカムゲインを得られ続け、さらにそれを売却することによってキャピタルゲインを得られるという両方を狙える**可能性があります。不動産の場合、物件の価値がゼロになることは考えにくいため、お金を生む資産を保有していることになるのです。

政府・日銀がインフレを目標にし、２０１６年2月16日にはついにマイナス金利が導入されました。まだまだ低金利と金融緩和は継続されることが予想されます。融資の扉が開いている今が、まさに不動産投資を行うには最適な時期だと言えるでしょう。

Point

- **これからの時代、サラリーマンは、給料とは別に、もう1つの収入源を確保しなければ老後のゆとりある生活の設計が難しくなる。**
- **他人（金融機関）のお金で運用できる投資は、不動産だけである。しかも、金融緩和によってチャレンジできる人の裾野が広がっている。**

不動産投資には、どのようなメリットがあるのか

ここでは、不動産投資のメリットについて、さらに詳しく説明していきたいと思います。

▼世界経済の現況と不動産投資の役割

2015年12月、アメリカの中央銀行にあたるＦＲＢ（連邦準備制度理事会）は、金融政策を決める連邦公開市場委員会（ＦＯＭＣ）にて、利上げを決めました。2008年のリーマン・ショック以来、アメリカはゼロ金利政策を続けてきましたが、ここにきてアメリカの景気が回復したことを示唆しています。しかし、世界経済に目を向けると、イスラム国などの地政学リスクや欧州の債務問題、中国経済の先行き不安など問題は山積みで、世界経済はアメリカ一人勝ちの様相を呈しています。

では、日本市場はどうでしょうか。政府主導の金融緩和による円安対策、2012年3月に和食がユネスコ無形文化遺産になって注目され、さらに2020年に東京オリンピック開催決定と海外から見た日本の魅力は高まりつつあります。訪日客（インバウンド）消費は、訪日中国人が爆買いをしているニュース報道でおなじみになった百貨店や電気店はもちろん、ホテル業界や不動産業界にも影響をもたらしています。

都市部の地価上昇への期待を背景に、アジアの富裕層などがマンションを買うケースが増えています。台湾や香港では不動産価格高騰で国内投資のチャンスが減少し、これまで彼らの主な投資先だった中国も従来のような利回りが期待できなくなったということも理由に挙げられます。東京の国際性が今以上に高まれば、外国人の不動産所有者や居住者はさらに増えることが予見されます。現状、不動産価格は高騰していますが、今後さらに伸びていくことが期待されます。

一方で、日本国内に目を向けると、人口減少や高齢化を背景に、国内需要の先細りが懸念されています。現在の年金、医療保険、介護保険の制度は少子高齢化に対応できず、また空き家などが増え、治安の悪化も懸念されています。

そのような状況下において、不動産投資は、次のような役割が期待されます。

- **私設年金代わり**
- **生命保険代わり**
- **節税対策として、経費への計上**

▼私設年金代わりとしての不動産投資

老後の生活を公的年金だけに頼ることが難しくなってきた近年、定年後の長い「第二の人生」を豊かに過ごすため、私設年金の必要性を感じる人が増えています。

たとえば、1億円の物件を利回り10％で購入したとします。もし65歳の時点でローンが完済できれば、その後にかかってくるのは諸費用だけになります。すると、年間で得られる家賃収入1000万円の内、850万円ぐらいが手残り収入になります。

つまり、サラリーマン時代の年収850万円と変わらない状況を、定年退職した後も不動産によって作り出すことができます。**たとえ年金がもらえなくても、不動産からの利益**

が、私設年金の代わりとなってくれるのです。

▼生命保険代わりとしての不動産投資

団体信用生命保険（以下、団信）という保険があります。自宅をローンで買われた方のほとんどが加入していることでしょう。告知書を記入して申し込みをし、保険料は金利に組み込まれています。ローンを返済中に借入者が死亡した場合、返済ができなくなっても、保険金が支払われ、ローンの返済に充てられます。残された家族が路頭に迷うことなく自宅に住み続けられることが本来の目的です。

実は**不動産投資でも団信に加入することができる**のです。投資用の物件なので、元々給与収入は当てにしていません。物件の力で、自ら家賃収入を生み出し返済に充てているので、万が一働けない状態になったとしても、すぐに返済が滞るということはありません。にもかかわらず、団信をつけることが可能なのです。残された家族はローンがなくなった不動産からの家賃収入を継続して得られることになります。

ただし、団信も生命保険なので、健康でないと加入できません。また、金融機関によっては「○億円までが上限」という制限や「金利○%上乗せ」という場合があります。

▼節税対策としての不動産投資

❶相続税

相続税のことを考えるなら、「土地建物＞土地＞現金」という順で節税につながります。

現金は持っている金額がそのまま相続税の対象となります。土地にすると相続税路線価にて資産を計上します。相続税路線価とは、国税庁が相続税や贈与税を算出するために使われる道路に面する宅地の1㎡当たりの評価額のことです。

現金と比べると概ね7～8割くらいの評価になります。さらに、そこに建物が建っていると、建物は固定資産税評価額で資産を計上します。こちらも概ね現金と比べると7～8割くらいの評価になります。

平成27年1月1日以降、相続税の控除額が縮小し、相続税がかかる人はそれまで全国民の4・2%でしたが、今後は6%に増えると言われています。少ないと思われますが、ポイントは全国平均ということです。東京都に限ってみると、改正前の割合は9・66%、今後は20%に達するのではという予想もされています。

・改正前：5000万円＋（1000万円×法定相続人の数）
・改正後：3000万円＋（600万円×法定相続人の数）

相続人が配偶者と子供2人の合計3人の場合、「現金＋株や金（きん）などの資産＋不動産評価の合計」が改定前だと8000万円まで控除されましたが、改定後は4800万円に減り、それ以上持っている場合は相続税がかかるようになりました。大都市近郊の一戸建て（相続対象不動産）を所有している方は、注意が必要です。

❷ 青色申告

「5棟10室」という基準をクリアすると、「事業」と見なされ、青色申告できるようになります。青色申告が良い一番の理由としては、帳簿づけをすると65万円を不動産収入から差し引くことができるという点です（青色申告特別控除）。また、赤字を3年間繰越しができる点、経費の幅が広がるという点も重要です。

しかし、デメリットとしては2月15日~3月15日までの間に確定申告を、しかも複式簿記で行う必要があります。税理士に頼むことも可能ですが、費用がかかります。

❸ 経費を使う

「クロヨン」(9:6:4)という言葉があります。税務署などが把握している所得が業種によって大きな差があることを示した言葉です。具体的には、サラリーマンなどの給与所得は9割、自営業者などの事業所得は6割、農業や水産業、林業を営む事業者の所得は4割と言われています。

サラリーマンは会社に勤めていることもあり、個人的な経費の計上ができません。つまり、収入にそのまま税金がかかることになります。しかし、不動産を活用することにより活路が見出せます。

たとえば、札幌に物件を持っているとします。**物件の運営に関して発生した費用についてはもちろんのこと、物件視察をするかたわら、家族を連れて札幌に行った場合には、その旅費が経費として認められます。**不動産関連業者との食事代も接待費や会議費として経費となります。

また、**不動産所得が損失（赤字）になったときは、他の所得（給与取得）からマイナスとして計上することができます。**そうなると、給与所得の高い方ほど得をすることになります。なぜなら、高年収者の場合、最大で55％ほど税金をとられているという実情があり、その年収を不動産投資の赤字で減らせれば、必然的に支払う税額が減る可能性があるからです。

ただ、「不動産所得が赤字だと元も子もない」という方、ご安心ください。税法上の赤字でもお金はプラスという方法があります。後ほど詳しく説明します。

Point

- 不動産市場が高騰している反面、人口減少や高齢化を背景に、年金制度や医療問題など、これからの日本には様々な問題が山積している。
- 不動産投資には、これからの人生設計において、「私設年金代わり」「生命保険代わり」「節税対策」という3つの役割を果たす。

不動産投資には、どのようなリスクがあるのか

不動産投資も投資である以上、一定のリスクがあります。ここでは、一般的に想定されるリスクと、その対策について説明します。

▼空室リスクとその対策

不動産投資は、所有する物件に住んでくれる人がいないと収入は入ってきません。空室が増えると、物件全体の環境悪化にもつながり、さらに退去が増えるという負のスパイラルに陥る危険性まであります。

この空室リスクについて、物件購入後にとることができる対策には限界があります。したがって、リスク管理として、購入前に市場調査を念入りに行うことが重要です。購入する物件が所在する都市の空室率はどれくらいか、最寄り駅の乗降者数、街の人口、ライバル物件の数などを把握しておくことが重要です。また、自動車での移動がメインである地方都市では、「駐車場がなければ致命的」という場合もあります。

過去3年間ぐらいの購入物件の入退去推移（トラックレコード）を確認し、将来予測を立てるなどの事前対策が必要です。

▼家賃滞納リスク・事故リスクとその対策

家賃を滞納する入居者がいた場合、収入が途絶えてしまうのでリスクとなります。

この点、**法律はオーナー側よりも入居者側の利益を優先するので厄介です。**1カ月滞納したからといって、すぐに退去を迫ることはできません。相応の対応をした後でないと、法的な対策はとれないのです。1年間も滞納しているという強者（つわもの）も、稀にですがいます。

時間と労力をかけて法的な対策をしても、「ない袖は振れない」と言われては、回収することが困難です。空室対策と同様、事前対応が有効です。入居する際、家賃保証会社に加入させる、連帯保証人をつけるなどの対策があります。家賃保証会社は、入居者が家賃を滞納した場合に、代わりに家賃を支払ってくれます。

また、高齢化社会に入って単身者世帯がさらに増えることで、今後増えるリスクがあります。それは〝事故〟です。部屋の中での病気による孤独死、あるいは自殺なんてことも可能性はゼロではありません。そのようなことがあった場合、次に入居する人の家賃に影響は避けられません。

最近では、そのようなことに対応する保険も出てきています。

▼老朽化リスク・欠陥住宅リスクとその対策

不動産は実体のある〝物〟なので、経年によって老朽化します。とくに深刻なのは、雨漏りなど、入居者に影響が及ぶ場合です。雨漏りだけは保険が効かないということもあり、その都度オーナーが対応しなければなりません。

購入後、物件の老朽化によって入居率が下がるという事態になれば、リフォームをする必要が出てきます。リフォームをする資金がないと「**老朽化により空室が増える→入居率**

悪化により収入が減る→入居促進に必要な最低限の原状回復リフォームすら行う資金がなくなる→さらに空室が増える」という負のスパイラルに陥る可能性があります。区分所有のように、管理費・修繕費の徴収がない分、リフォーム費用をあらかじめ貯めておくことが重要です。

また、欠陥住宅や手抜き工事というリスクもあります。これは素人が現地で物件を確認してもわかりませんので、購入時に建築当時の書類を専門家にしっかりと確認してもらうことが大切です。

▼低流動性リスクとその対策

不動産投資は、株式やＦＸなどに比べて〝流動性が低い〟という特徴があります。不動産投資をはじめてみたものの、**「やめたくなったからすぐやめる」ということができない**のです。

なぜなら、物件の売却にはそれなりに時間がかかります。株とか投資信託なら、売却しようと思ったら１週間もあれば口座にお金が入ってきます。しかし、不動産の場合、早くても1カ月ぐらいはかかるでしょう。

このような不動産の特徴を加味して、購入する物件についてあらかじめ精査するといいでしょう。**購入時に、「何年後に売却するのか」までをしっかり考えておき、「そのときにどのくらいの価格で売れるのか」までシミュレーションしておくのです。**

あるいは、「そのまま所有し続けていることによって、どのくらいの収益が得られるのか」なども検討しておくべきです。売り急ぐと、安く買い叩かれます。「売っても良し、持って良し」という状態をキープし続けることが大事です。

▼天災リスクとその対策

2011年3月の東日本大震災、そして今年（2016年）4月の熊本地震……。日本はもともと地震大国なので、いつ、どこで、同じような状況が再び起こるか、わかりません。震災によって所有する物件が破損してしまう可能性は否定できないでしょう。

そのようなことへの備えは、保険しかありません。しかし、火災保険は地震を原因とする火災には対応してくれません。地震・噴火・津波などによる被害に対しては、地震保険

図表1　災害に対する保険の保障範囲

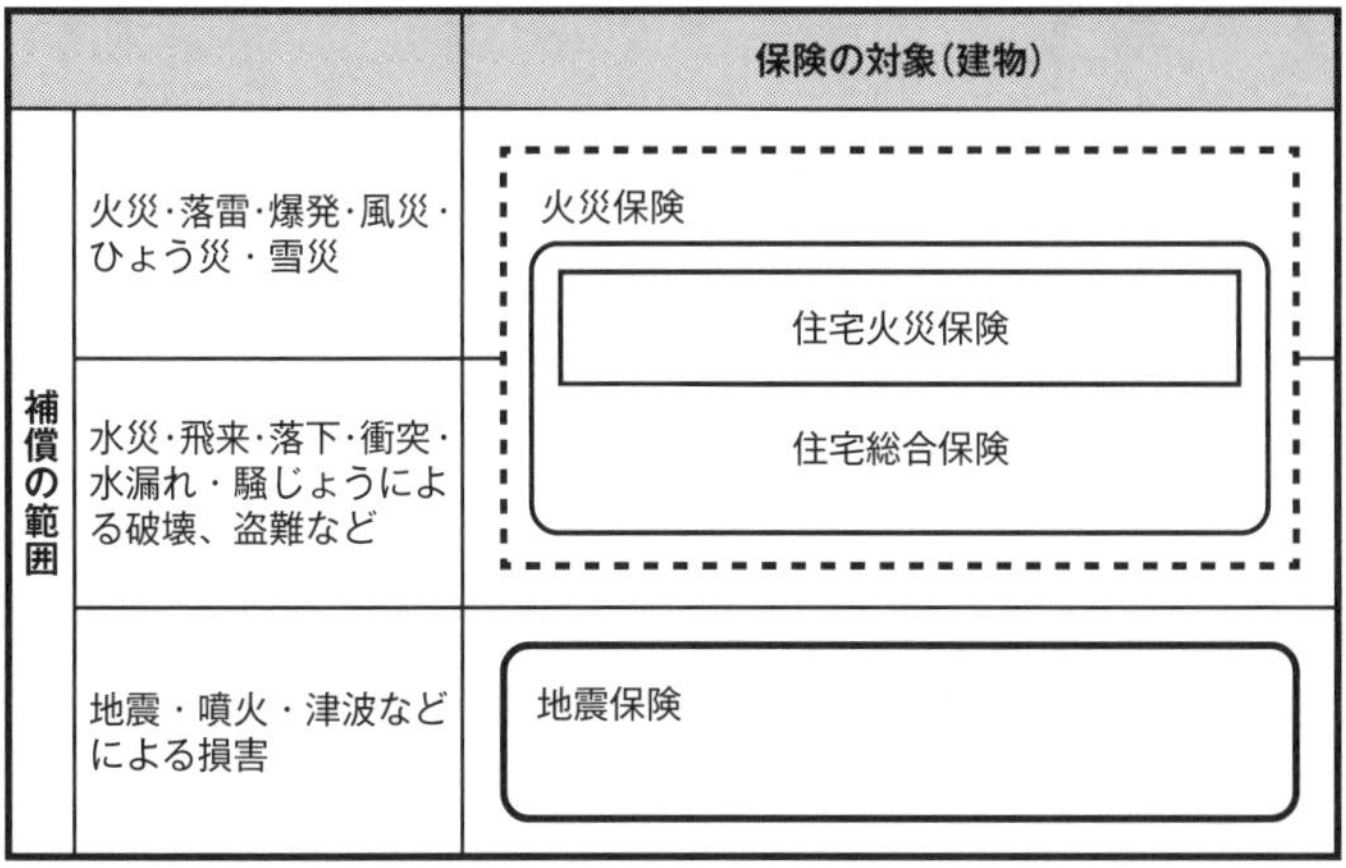

補償の範囲		保険の対象（建物）
	火災・落雷・爆発・風災・ひょう災・雪災	火災保険／住宅火災保険／住宅総合保険
	水災・飛来・落下・衝突・水漏れ・騒じょうによる破壊、盗難など	火災保険／住宅総合保険
	地震・噴火・津波などによる損害	地震保険

に加入する必要がありますが、こちらは保険料が年々上がってきています。また、地震保険は、「しばらく生活に困らないお金を工面する」というのが目的ですから、保証金額の50％までしか保険金が出ません（最近、保証金額の100％が出る保険も出てきました。しかし、保険料は高額です）。

物件を選択する際に、その物件の存在する活断層などをチェックして、リスクを回避するという方法や地域分散して物件を保有するという方法が効果的でしょう。

▼金利上昇リスク

金利の上昇は操作することができないので、

不動産投資にとっては、ローン金利の上昇は「返済額の上昇」というかたちでそのままリスクとなります。想定以上に上がってしまった場合には、繰り上げ返済するか、物件の売却も検討するべきでしょう。

しかし、金利は急激に上がることはありません。さらに、金利の上昇から毎月返済額の変更までには時間差があります。固定金利の場合、固定期間満了時までは返済額は変わらないし、変動金利の場合も返済額の変更は5年に一度です。日々の経済ニュースなどで情報を入手し、変化を見極めながら、売却するか、保有し続けるかどうか、対応することが求められます。

▼区分所有の失敗例

不動産投資は正しい手順で行っているかぎり、失敗しにくいと言えます。ただ、区分（1部屋だけ購入する手法）投資の場合、成功を収めるのは難しいです。

もちろん、格安で買える、人気駅に直結している、類似物件がない、などの特殊案件であれば、価格が落ちずにむしろ上がるということはあります。しかし、通常の物件や新築区分などは、投資対象としては適切ではありません。

その理由として、都心部で行うため立地は良いものの、「利回りが低い」ということが挙げられます。さらに管理費や修繕費がかかり、利益を圧迫します。

区分所有物件を売却する際、築年数に応じて価格が下がります。また、区分は将来売却するとき、同じマンションで売物件や成約があった場合、違いを出しにくいので思いの外、高く売れるということが少ないのです。また、35年で融資を組むので、返済よりも価格下落の方が早く、「ローン残高＞売却価格」という状態になりやすいというリスクがあります。

Point

- 不動産投資には、空室リスクや家賃滞納リスク、老朽化リスク、天災リスクなど、様々なリスクがある。
- リスクごとに対策があるので、事前にリスクが発生する可能性を見極めながら、適切な措置をとるようにする。

Column 1

マイナンバーについて

２０１５年10月から、マイナンバー（個人番号）の運用がはじまりました。マイナンバーは、納税や年金、雇用保険などの行政手続に利用されるとされており、２０２１年をめどに預金口座へのマイナンバー適用の義務づけまで検討されています。

また、巷でウワサされているのは、いわゆる「副業バレ」です。マイナンバーによって、会社にナイショで副業していることを知られてしまうのではないかと、考えられているのです。ここでは、「会社とトラブルを起こしたくない」という方のために、マイナンバーへの対策にどのようなものがあるかをお教えします。

まず、会社に副業がバレるのはなぜでしょうか？　それは「住民税」です。住民税の計算方法は「１年間の収入ー（経費＋所得控除）」の10分の1です。そのため、収入が増えたり経費が増えると、住民税の額が変わり、「給料以外に収入源や事業がある？」と疑われます。

この〝会社バレ〟への対策は、黒字か赤字かで変わります。

黒字の場合、確定申告で住民税を普通徴収で収めることで会社バレを回避することができます。源泉徴収票で、給料から天引きされる方法を特別徴収、逆に自分で直接納める方法を普通徴収といいます。自分で直接納めるので、今まで通りの金額が天引きになり、勤めている会社の経理にもわからなくなります。

赤字の場合、住民税決定通知書（毎年6月頃に会社より受け取る細長い紙）に不動産所得が記載されているので、会社の経理にわかってしまいます。ただ、私が実際に経理担当者にヒアリングをしてみると、わかってはいるけれども、見てみない振りをしているようです。

不動産投資が副業に該当するかどうかについては、グレーです。たとえば、親から相続した不動産を仕方なく運用する場合もあるでしょう。副業に当たるからと、売却を強制する権限が会社にあるのでしょうか。

それでも心配な方は、会社に副業申請をして、正規にやるのがいちばん安全です。マイナンバー制導入で、「税務署バレ」は回避できないようになりました。不動産投資に関わらず副収入がある方は、確定申告をきちっとする必要がありますね。

第2章

不動産投資のしくみ

不動産投資における、成功の王道パターンを理解する

本章からいよいよ不動産投資の具体的な内容に入っていきます。まず不動産投資における、成功の王道パターンについて理解してください。

▼最初の1棟でつまずくことは後々命取りになる？

第1章ですでに説明したとおり、「不動産投資における1棟買い」とは、マンションなりアパートなりを1棟まるごと購入し、入居者から賃料収入を得る手法です。ポイントとなるのは、目標設定から物件の選定、購入、融資、管理・運営、売却となります。

とくにここ数年で、不動産市場は右肩上がりに成長しています。新聞でも、「国土交通省の不動産投資市場政策懇談会では3月22日の会合で、2020年ごろにJリート（不動産投資信託）など不動産投資市場の資産規模を約30兆円に倍増させることを目標にした成長戦略をまとめた」「銀行による不動産業向けの新規貸し出しが2015年にバブル期を超え、26年ぶりに過去最高となった。低金利を背景に住宅やオフィスビルの需要が底堅く、日銀の異次元緩和でマネーが不動産市場に流れ込んでいる」といった記事が紙面を賑わしています。

「投資」という側面から考えてみると、市場が成長している以上、よほど悪い物件を購入しないかぎり、収支がマイナスになることはありえません。株式投資も同じと思います。経済が成長している状況であれば、自ずと株価も上がっていくものです。

ただ、株式のように流動性が高くないのが不動産です。だからこそ、**投資の入り口の段階で、売却（出口）まで考えておくことが大切**なのです。出口戦略まで考えておけば、現在の市況がまだしばらくは続くことが予想される以上、投資家にとって好ましい環境が続きます。

仮に1棟買いの不動産投資に失敗の可能性があるとすれば、**入り口段階での調査不足が原因であるケースが8割を超えます**。物件の周辺にある大規模工場の撤退や学校の閉鎖などによる入居率の悪化、想定外の修繕費用の発生、家賃保証契約・サブリース契約も注意が必要です。

また、**物件の購入順序が大事**です。たとえば、「将来的には不動産で10億円分の資産を持ちたい」と考えていた場合、最初の1棟でつまずいてしまうと、その後、資金的に身動きがとれなくなってしまいます。その結果、魅力的な物件を見つけて購入したいと思っても、融資が受けられないという状況になってしまいます。そうなると、今保有している物件を売却しないかぎり、次の投資にステップアップすることができません。

たとえるなら、積み木の順番のようなものです。積んでいく順番を間違えてしまえば、計画的な投資ができなくなってしまいます。

▼不動産投資、成功の王道パターンとは？

では、不動産投資の王道パターンについて具体的にみていきましょう。

たとえば、5000万円の物件を、諸費用分は現金で200万円支払い、残りをローン（フルローン）で購入したとします。5年後に4600万円で売却したとしましょう。

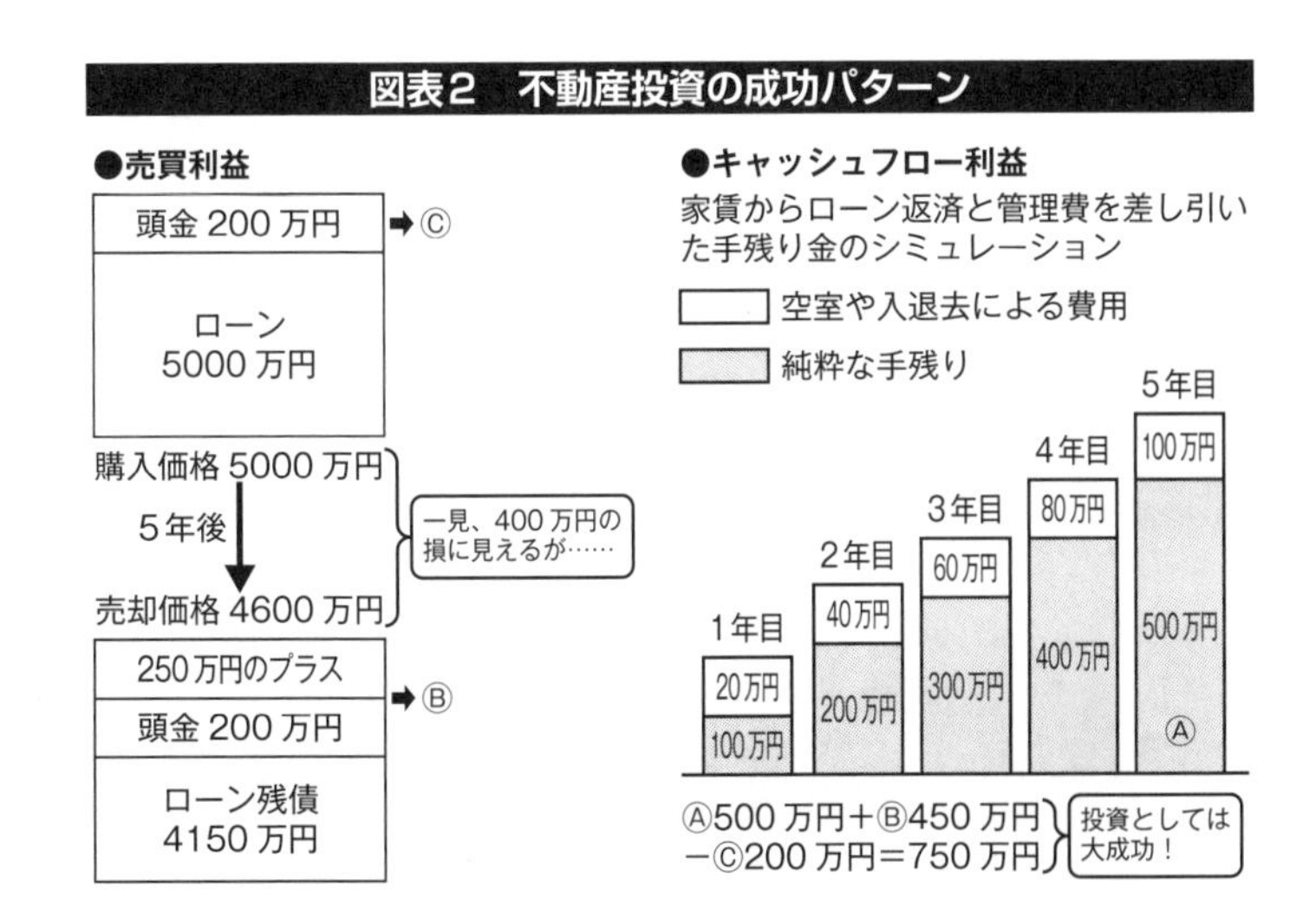

価格だけ見ると、400万円の損に見えますが、投資としては成功しています。

まず、家賃の手残りを見ていきます。家賃収入からローン返済と管理費などを差し引いた手残りが毎年120万円のプラスが出る場合、5年間のトータルは600万円のプラスになります。保有期間中の空室率や入退去による経費を余分に毎年20万円分計上しても、結果的に500万円のプラスになります。

また、5年間でローンの返済も進んでいたので残債は約4150万円になります。4600万円で売ったお金でローンを完済しても、450万円が残る計算です。

結果として、家賃の手残り分500万円と売却代金の残り分450万円の合計から最初に使った現金200万円を差し引くと、トータル750万円のプラスとなります。
200万円を頭金に、5年間の運用で750万円の利益を出せれば、投資としては成功と言えるでしょう。

さらに、不動産を運用している間は、節税効果も働きます。

加えて、1つの物件を保有することで実績が生まれます。実績があるということで、融資の幅が格段に広がります。金融機関がオーナーを〝事業経営者〟とみなしてくれるからです。

「1棟を買う→実績ができる→さらに1棟を買う→さらに実績ができる→今まで融資してもらえなかった金融機関とも取引できるようになる」という好循環が生まれるのです。

時には、現在所有する物件を売却することで資金を作り、それを原資にしてさらに別の物件に投資をします。

将来的には、それこそ数十億円単位の投資もできる計算となります。そうなれば、よりレバレッジが効くことになるので、より大きく儲けることができるのです。

以上が、〝**不動産投資の王道パターン**〟と言えるでしょう。

▼不動産投資には「経営」のセンスも必要！

不動産投資をはじめるにあたって、必要なことはなんでしょうか。本書でお伝えしているような基本知識はもちろんのこと、あくまでも「投資」ということを考えれば、お金に対する姿勢が大切になります。たとえば、不動産で月50万円の収入があり、ローン返済などで30万円を支出すると、手元に残るのは20万円です。しかし、この20万円をすぐに使ってしまう人は、不動産投資にあまり向いているとは言えません。

なぜなら、**不動産投資には目に見えないリスクが隠されている**からです。たとえば、物件のトラブルです。物件を改修しなければならなくなったとき、その費用を支出できなければ、その物件に人が住めなくなってしまうかもしれないのです。そうしたとき、手元にある程度の余裕資金がなければ対応できません。

また、経営的な部分で言うと、入居者をより募りやすくするために、定期的にリフォームをする必要があります。そうした費用もまた自分で捻出しなければなりません。最近では、築年数が古くても、リノベーションによって人気を集めている物件がたくさんあります。そのような施策はすべて、オーナーが実施しているのです。

あるいは、住人の満足度を高めるために、インターネット回線やガス、電気などのインフラの整備、および日々のメンテナンスは欠かせません。管理会社と交渉することで、トータル価格が安くなることもあります。そのような交渉もオーナーの仕事と言えるでしょう。

このように、**不動産投資には「投資」と「経営」という両方の側面があります。**これから不動産投資に挑戦しようとする方には、ぜひ両方の視点から考えるようにしてください。**不動産投資は様々な業者が関連してくるので、それらの業者とのコミュニケーションおよび良好な関係づくりがポイントとなります。**自分が日々できないところを助けてもらっているのですから、敬意を払うのを忘れないようにしましょう。

Point

- 不動産投資成功の王道パターンとは、物件を購入する度に確実に実績を積み、その実績をもとにさらに大きな実績を積むことである。
- 不動産投資には、入居者を募るための施策やリフォーム費用の捻出、様々な業者との協力関係の構築など、オーナーの経営的なセンスが問われる。

不動産投資で知っておかなければならない指標にはどんなものがある

本項では、不動産投資を実践するにあたって、必ず知っておかなければならない指標について説明します。

▼表面利回りと実質利回りの違い

利回りとは、投資額に対してリターン（収益）がどれくらいあるかを測る尺度です。①**「表面利回り（グロス）」**と②**「実質利回り（ネット）」**の2つがあります。

①「表面利回り」とは、年間の家賃収入を物件価格で割ったものです。物件を探す際に、広告やインターネットに掲載されているのは、すべて表面利回りです。

表面利回り（グロス）＝年間家賃収入÷物件価格×１００

一方、②「実質利回り」とは、年間家賃収入から管理費や固定費などの諸経費（ランニングコスト）を差し引き、物件価格と購入時にかかった費用を足したもので割った数値です。

実質利回り（ネット）＝ＮＯＩ（年間家賃収入－ランニングコスト）÷（物件価格＋購入時の費用）×１００

収入（賃料）からランニングコストを引いて求められる数値をＮＯＩ（Net Operating Income の略で、純利益という意味）と呼びます。

ランニングコストは、ＰＭ・ＢＭ（賃貸経営管理とビル管理の費用）と呼ばれる費用と税金の計で算出されます。

こうした諸経費と購入時の費用を計算することにより、物件の正確な収益力を導き出す

図表3-1　表面利回りと実質利回り

物件例（価格5000万円、年間賃料504万円、売主物件の場合）

●表面利回り
504万円÷5000万円×100＝10.08%

●実質利回り
NOI（504万円−91万177円）÷（5000万円＋212万3400円）×100＝412万9823円÷5212万3400円×100＝7.92%

上記物件の購入費用の内訳

項目	金額
登記費用	80万9801円
収入印紙代	2万5000円
銀行費用	16万2000円
火災保険	51万9720円
固定資産税清算金	5041円
取得税（概算）	60万1838円
合計	212万3400円

仲介手数料（仲介案件の場合）：168万4800円＝(売買価格×3%＋6万円）×消費税

上記物件の年間ランニングコストの内訳

項目		金額
	固定資産税	27万3857円
管理費（PM・BM費用）	共用部（水道代・電気代）	6万円
	電気（動力）	-
	EV保守点検	-
	清掃	18万円
	各種点検	5万円
	管理委託料（4.3%）	21万6720円
	インターネット接続料	12万9600円
合計		91万177円

ことができます。エレベーターの有無、上水道のポンプ稼働による電気代、管理会社の管理委託料、固定資産税等、仲介案件か売主案件かで、実質利回りは大きく変動します。

したがって、広告などに掲載されている表面利回りだけで判断せず、実質利回りを確認し、物件の正確な収益力を導き出すことが大切です。

▼キャッシュフロー（CF）を理解する

キャッシュフローとは、**お金の流れを意味し、実際に得られた収入から、支出を差し引いて手元に残る資金の流れ**のことを意味します。「CF」と略されます。

キャッシュフローは、次の式で求める不動産会社がほとんどです。本来、時間経過と税率で変化するものなので、正確に出すことは困難です。大勢の顧客に対して同じ資料を提供する必要があるため、このように簡略化しています。

キャッシュフロー＝「年間総収入」－「諸費用」－「ローン返済額」

図表3-2　キャッシュフロー

項目	金額	構成比
[年間収入合計]	504万円	100.00%
管理費	63万6320円	12.63%
固定資産税	27万3857円	5.43%
ローン返済	286万680円	56.76%
[年間経費合計]	377万857円	74.82%
年間キャッシュフロー	126万9143円	25.18%
月間キャッシュフロー	10万5762円	

504万円（年間収入合計）−377万857円（年間経費合計）
＝126万9143円（年間キャッシュフロー）

図表3-3　ローンシミュレーション

項目	金額
必要自己資金	212万3400円
ローン借入	5000万円
金利	2.5%
期間	23年
月返済額	23万8390円

※図表3のシミュレーションは著者サイトからダウンロード可能

キャッシュフローは、年間収入を上げることでプラスにすることができますし、管理コスト・ローン返済を下げることでもプラスにすることができます。融資年数が短い場合や、金利が高いケースだと負担になり、キャッシュフローは悪化します。あらかじめ、管理コスト、返済期間や返済方法、金利についてよく吟味しておくことが大切です。

融資をする金融機関の審査では、キャッシュフローを次の式で計算しています。

キャッシュフロー＝税引き後利益－返済元本＋減価償却費

「**税引き後利益**」である点がポイントです。法人か個人か、個人でも給与所得がいくらあるか、ローンも支払い当初は金利分が大きくなど、様々な要件が複雑に絡むので、計算が困難です。知識として知っておくぐらいで良いでしょう。

大切なのは、「**毎月どのくらいのお金が残るのか**」ということです。

▼ROIとDSCR

ROI（投資収益率）とは、**自己資金に対して年間どのくらいの割合で回収できたかを表す指標**です。式は次のとおりです。

ROI（%）＝年間のキャッシュフロー÷最初の投資金額×100

前出の例題では、5000万円の物件に対して資金212万3400円を投下して購入しています。年間キャッシュフローは、126万9143円なので、

ROI（%）＝（126万9143円）÷212万3400円×100＝59・76%

ROIは、100%が1年（12カ月）で回収できる計算になるので、例題のケースでは、

12カ月÷59・76%×100＝20カ月

つまり、投下した自己資金を20カ月、1年8カ月くらいで回収できるということがわかります。

回収までにかかる期間を明確にしておくことで、中長期的な戦略を立てやすくなるのです。ただし、自己資金を使わず、すべて「融資」で購入する場合、ROIを考える必要はありません。

一方、DSCRとは、Debt Service Coverage Ratio の略で、**借入金返済における安全性を計測する数値**のことです。次の公式によって導き出されます。

DSCR＝（年間収入－ランニングコスト）÷借入金返済額

前出の例題では、（504万円－91万177円）÷286万680円＝1・44

DSCRが1のときは、手取り金額と借入金返済額が同じなので、手元にまったくお金が入ってきていない状態を示します。1以下であれば、それは赤字状態であることを示しています。銀行が投資家に融資する際には、DSCRが1・2以上であることが最低条件とされています。

例題は、ＤＳＣＲが１・44なので優秀な物件ということがわかります。
ＤＳＣＲが１・２以上あれば融資は可能ですが、年間の借入金返済額は金融情勢、金利、借入年数より変化するので、ある程度余裕を持つことが必要です。

Point

- 物件は、広告に掲載されている表面利回りではなく、ランニング費用などを考慮した実質利回りで判断することが重要である。
- 手残りキャッシュフロー（ＣＦ）と「ＲＯＩとＤＳＣＲ」を把握することで、その物件を購入すべきかどうか判別が可能である。

不動産投資で損をしないためのポイント

ここでは、不動産投資をしていくにあたり、留意しておかなければならない注意事項をいくつか挙げて説明します。

▼リスクへの備えとシミュレーションの大切さ

不動産投資は、リスクへの対応が不可欠です。リスクへの対応が十分にできていれば、それだけ失敗の可能性が少なくなるということになります。

たとえば入居率で考えてみましょう。法人による一括借り上げは一見魅力的に思えますが、その法人が撤退してしまった場合、空室率が一気に上がってしまう恐れがあります。

学校や工場などの移転や閉鎖によるリスクも同様です。周囲の状況に大きく左右されてしまう可能性があるのです。

ただし、このような失敗事例は、**リスクをあらかじめきちんと考えていれば対応できる**範囲の問題です。つまり、外的要因に左右されない物件を選べばいいだけのことなのです。具体的には、入居者の属性を確認します。男女の割合や年齢のバラつきがある方が入居募集を幅広い層に行えるということです。

また、不動産会社からの「家賃保証」に甘えすぎたため、失敗することもあります。契約書にはきちんと詳細な内容が書いてあるのにも関わらず、しっかり読んでいないために、失敗してしまうというパターンです。

たしかに、初心者であれば、契約書をきちんと読み込むだけでも一苦労です。知識がない状態で、安易に情報を鵜呑みにしてしまうのは危険と言えるでしょう。

いずれにしても、**購入前にシミュレーションしておくことが大切**です。どのようなリスクが考えられるか、最悪の場合にはどのようなシミュレーションになるのか。そうした視点で検討しておけば、よほどのことがない限り、大きな失敗をすることはないはずです。自分に知識がない場合には、経験者や専門家に意見を聞くことが大事になってきます。

失敗ケースのほとんどは、計算が甘かったり、リスクの想定が足りなかったりと、「たしかにそうなっても仕方がないよね」という場合が多いのです。

▼契約書などのチェックポイント

先ほども少し言及しましたが、売買契約書や重要事項説明書、あるいはサブリース（※）の契約書など、**契約書の書面はしっかり確認しておかなければなりません。**また、家賃保証（※）に関しても同様です。少しでもわからないことがあれば、明らかにしておきましょう。

場合によっては、**しっかりとツッコミを入れる**ことも大切です。自分の大切なお金を投資するのですから、遠慮することはありません。

ただ、1棟目でそれぞれの内容をすべて理解することは困難です。最低限、お金に関わることに絞って、要点だけ押さえてください。売買契約書であれば「特約」、重要事項説明書であれば「解除に関する事項」、サブリース契約書であれば「更新」や「家賃の改定」「返却時の対応」について、家賃保証の場合は「期間」と「期間満了時の対応」を確認しておきましょう。

売買契約書の特約では、買主にとって不利な条件が記載されていないかどうか、サブリース契約は、家賃の改定がどのようになされるのかによって、収入に大きく影響してきます。「1回の下落は現家賃の95％まで」などの文言がなければ、極端な話、2年後の更新の際、家賃が半分になっても文句を言うことはできません。サブリース契約を更新しない場合で解約時に空室があるときは、自分で埋める必要があるので資金を投入するケースもあり得ます。また、家賃保証も同様に保証期間が終了する際に注意しましょう。半分空室のまま期間終了で返却されても困りますよね。ですので、必要な箇所をきちんと確認しておくことが大切です。

※「サブリース」
オーナーが所有する物件をサブリース会社が借り上げ、第三者に転貸すること。いわゆる「又貸し」の契約がサブリース契約。

※「家賃保証」

空室が多い物件の場合、購入当初から家賃よりローン返済が上回り、資金を投入することを防ぐため、半年や1年の期間を設けて空室が埋まるまでの期間、売主の不動産会社や仲介会社が家賃の80％など、取り決めに応じて家賃を保証するシステム。

▼「投資」というよりも、「事業」という感覚が大事

「投資」という側面に加えて、「**経営**」という側面からも不動産投資を考えてみましょう。

不動産投資は、そもそも入居してくれる人がいなければ収益をあげることができません。

そういった意味で、経営的なセンスが必要です。

経営のセンスを身につけることで、リスクを減らすことも可能となります。つまり、**不確定要素に振り回されるのではなく、自分がスキルを身につけることで成功確率を高められる**ということです。

株やFXの場合も知識やスキルが必要ですが、結局はマネーゲームの範囲を超えません。いくら知識を身につけてスキルを高めても、世界の経済情勢を完全に予測できる人などいないのです。その点、実務的な要素が強い不動産投資は、「不動産経営」とも言われ、「事

業」としてとらえることができるのです。

たとえば、10の部屋がある物件を購入した場合、どこを改善すれば入居率が上がるかというのは、経済事情よりも戦略の部分が大きいです。立地さえ間違えていなければ、家賃を下げれば入居率が上がります。日経平均株価や外国為替レートは関係ありません。

景気の変動によって不動産価格が上下することはあります。しかし、その変化も急激なものではなく、ゆっくりと少しずつ変化するのが通例です。であれば、その間にしっかりと対策を講じることがオーナーの経営センスということになります。

また、「経営の延長」という意味で言えば、**税金対策もまた重要**です。そういった専門的な部分については、信頼できる税理士に任せるなど、外部の専門家に頼ることも必要になってきます。

▼購入時、保有時、売却時で間違えてはいけない

不動産投資のポイントは、**「購入時」「保有時」「売却時」のそれぞれのタイミングにおいて、施策を行う**ことができる点です。

どんな物件を購入し、どこに管理・運営を任せ、だれに売却するかということに不動産投資は集約されます。これら3つの視点から、より最適な方法を検討すれば、大きく間違えてしまうことはなくなるはずです。

もし、先ほども触れた税金など、これら3つの要素から大きく外れる知識が必要となった場合、**外部の専門家**に任せるのがもっとも賢明でしょう。融資のレバレッジだけでなく、**人のレバレッジ**も活用することが大事です。自分がやることを広げすぎてしまうと、対応できなくなってしまいます。

サラリーマンである以上、本業に支障をきたしてしまえば、本末転倒です。あくまでも、自分の使える時間と労力の範囲内で、最善を尽くすようにしましょう。

Point

- 不動産投資にリスクは存在するが、その多くはあらかじめ想定しておけば、対応できるものである。
- サラリーマンが本業の傍ら行う場合、対応できない問題やリスクについては、専門家に任せるという判断が必要である。

「不動産投資5つのステップ」を押さえよう

不動産投資の基本ステップは、①**「目標設定」**→②**「融資」**→③**「物件の選択・購入」**→④**「管理」**→⑤**「売却」**の5つです。これから順番にご説明します。

▼①目標設定

目標設定とは、「自分が将来なりたい姿」をイメージし、そのために必要な金額を算出することです。たとえば10年後に1000万円が必要なら、そのために必要な投資額や運用方法を導き出します。

一般的なサラリーマンなら、ひとつの指標になるのは定年でしょう。定年とは、給与収

図表4　ライフイベントとコストのイメージ

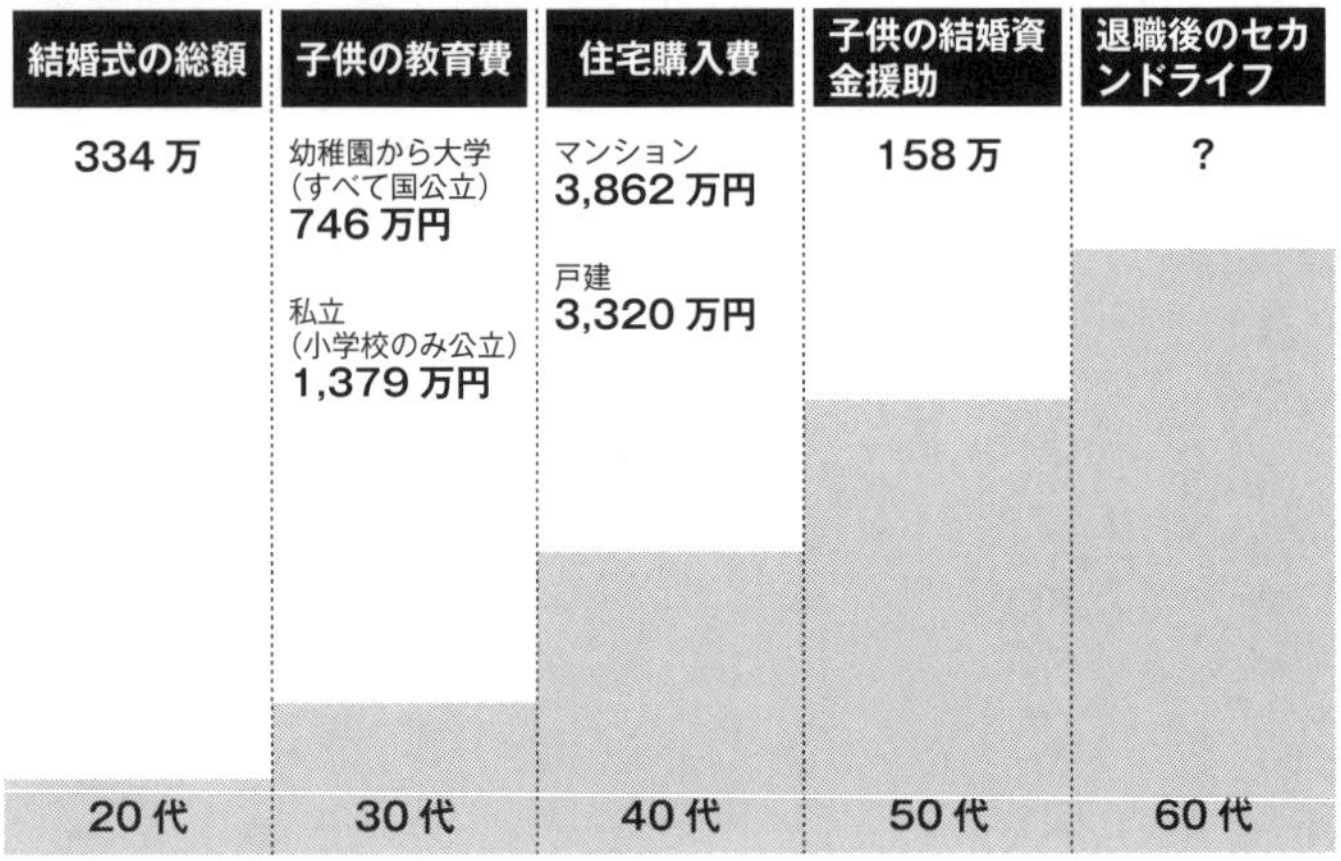

20代	30代	40代	50代	60代
結婚式の総額	子供の教育費	住宅購入費	子供の結婚資金援助	退職後のセカンドライフ
334万	幼稚園から大学（すべて国公立）746万円 私立（小学校のみ公立）1,379万円	マンション 3,862万円 戸建 3,320万円	158万	?

入がなくなることを意味します。勤め先の定年が60歳なのか70歳なのか、そもそも定年という概念がないのかにより、試算は変わってきます。退職金の有無や金額も考慮して、「**老後に必要な金額がいくらなのか**」を算出し、その金額を不動産投資で得るというのがモデルケースとなります。ある意味では、人生の流れをイメージすることに近いかもしれません。

この「目標設定」の段階で考えなければならないのは、**ライフステージごとの収入と支出のバランス**です。

まず収入については、給与収入をはじめ、株式など他の投資もしているのであれば、それもまた収入となります。額面の金額ではなく、手取り金額で考えるようにしましょう。

次に、支出については、「生活費」「住宅費」「支払保険料」「子ども関連費」などを計算します。あわせて、ライフステージごとのイベントでの支出についても検討しておくといいでしょう。もちろん、あくまでも目標ですので、それほど細かく決めなくても大丈夫です。おおよその金額さえわかっていれば、それだけで指標となります。

戦略的に考えるのが苦手なら、他の投資のことは考慮せず、給与収入と生活費の概算を出すだけでも構いません。大切なのは、**それぞれのステージにおいて、どのようにお金が流れているのかを知ること**です。

このように自分なりのポートフォリオ（※）をつくります。そのポートフォリオが、投資に対するスタンスを決めるための基準となります。あとは、そのポートフォリオに沿って不動産投資から得るべき金額を算出し、投資スタイルを決めます。

もし余裕があるのであれば、家族に残す財産についても考えておくといいでしょう。

漠然と「たくさんお金があればいい」というような考えで不動産投資に取り組むと、判断にブレが生じてしまい、筋の通った投資はできません。最初に立てた目標設定を守るだけでなく、ライフプランや自身のステージが変化することで、柔軟に修正を繰り返す必要があります。重要なのは、**そのときに自身が必要な金額をできるだけ高確率で稼ぐ**。それが、老後もお金に困らずに幸せに暮らせる第一歩となります。

※「ポートフォリオ」
リスク管理のために自らの資産を複数の金融商品に分散させて投資する。その金融商品の組み合わせのこと。

▼②融資

目標が定まったら、次に考えるべきなのは「融資」です。融資情報を持っているのは不動産会社や不動産投資をやっている先輩投資家です。自分と年齢や年収、自己資金、家族構成が近い先輩投資家がいれば、銀行の選択に有利です。戦略を立てて、「どのくらいの融資が可能なのか」、つまり「**どのくらいの規模の物件を購入できるのか**」を把握します。

そのうえで利回りを加味して考えれば、「目標額に到達できる物件がどのような条件のものなのか」が判明します。融資の段階では、**金利**についても当然考えなければなりま

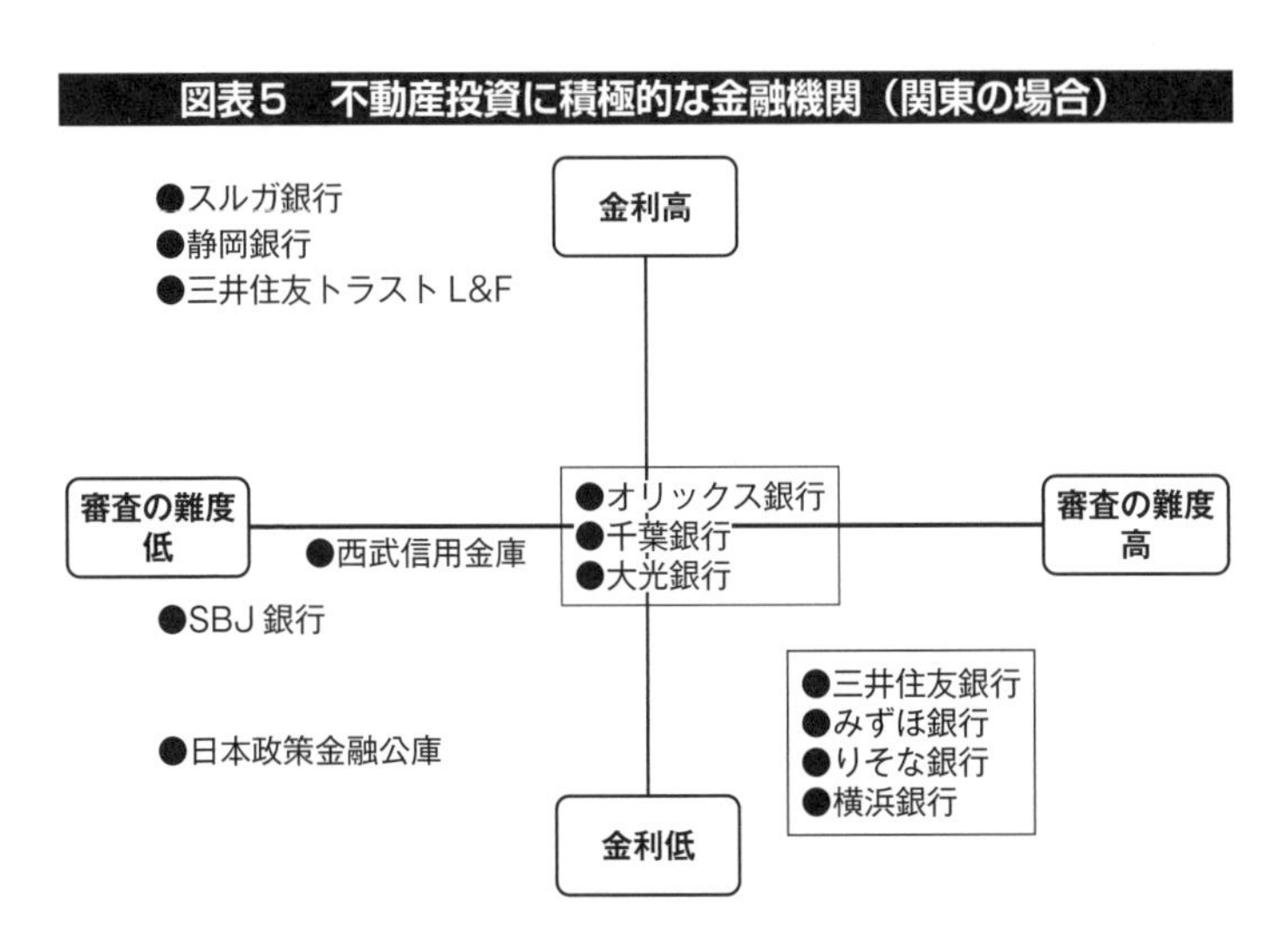

せん。

中長期的に考えて、「投資を継続したい」ということであれば、銀行が好む物件を買い続ける工夫も必要でしょう。

考えられる戦略としては、「金利の高い銀行からの融資で半年から1年の間に数棟を購入して、目標を一気にクリアする」というやり方もありますし、「1棟買うごとに1年間の運営実績を積み上げて金利の低い銀行からの融資で物件を少しずつ増やしていく」というやり方もあります。

参考までに、不動産投資に積極的な関東地方の金融機関の例を図表5に挙げておきました。

▼③物件の選択・購入

融資や銀行について明らかになれば、「物件の選択・購入」へと進みます。物件の選択のポイントは「**築年数**」「**エリア**」「**物件の構造**」「**利回り**」です。

また、「**入居者が入るのか**」というのも物件選びの重要なポイントです。自分だけで判断するのではなく、不動産会社や管理会社、リフォーム会社、コンサルティング会社、先輩投資家の意見を参考にしながら進めることでリスクは軽減します。

ここで、「**個人で買うのか、法人で買うのか**」のスタンスを明らかにしていないと、金融機関の選択が変わってきます。目標設定および融資の段階で、そのあたりは明らかにしておきましょう。

▼④管理

物件を購入したあとに発生するのは、管理業務です。

管理業務は、入居者の募集から契約、退去後の原状回復工事まで、多岐にわたります。また、入居者間のトラブル、物件の不具合によるトラブルにも対応しなければなりません。しかし、これらは管理会社にすべて任せてしまうことが可能です。たとえば、都内に住んでいるサラリーマンが地方の物件を買った場合、遠方管理はできませんので、外部委託するしかありません。本業をやりながら、24時間365日トラブルに対応することは現実的に不可能でしょう。

そうした場合、**物件の管理において大切なのは、管理会社の選択と良好な関係づくり**です。トラブル対応だけでなく、空室対策や経費削減などの提案内容について、管理会社ごとに違いがあります。

管理会社とのつきあいは、上下関係ではなく、「**一緒に不動産投資に取り組むためのパートナー**」と考えておくのがベストです。気持ちよく仕事をしてもらえば、それだけ入居者の満足度も高まるはずです。ひいては、物件の価値向上にも寄与します。

▼⑤売却

最後は「物件の売却」です。もっともポピュラーな方法は、購入をした不動産会社に売却を依頼することです。人間関係がすでにできあがっており、物件を熟知している、なにより意思疎通が図りやすいというメリットがあります。物件を熟知しているという意味では、管理会社にお願いするという方法もあります。

購入時の目標設定と同様に、**売却時の金額や融資先についても、あらかじめ想定しておきます。**そうすることで、売却をスムーズに行えるのです。

また、入居率も大事になります。入居率が悪いと値引き交渉が入り、希望価格で売れなくなる可能性が高まります。そのような場合は、売却計画を先延ばしにして、入居率の向上を図ることも必要かもしれません。

売却の計画時に考えておきたいのは、「**もし、自分が想定する価格でこの物件が販売されていたとして、はたして自分はほしいと思うか**」です。

金融機関の判断も参考になります。「この物件であれば、どのくらい融資してくれるのか」、利回りやDSCRなどの数値から考えて、物件の良し悪しについても判断しておけば確実です。地域に応じて、どのような金融機関があるかについても把握しておきましょう。いくつの金融機関が融資を検討してくれるかによって、買主の負担も変わります。

「売却ではなく保有し続ける」という選択をとる場合には、リフォーム費用、修繕費についても考慮しておきましょう。築30年を経過すると、エレベーター、給排水管、ポンプ、エアコン、給湯器などの交換が必要となる機会が増えます。また、建物の屋上防水や外壁補修なども10年周期で必要になります。とくに年金代わりとして不動産を活用したい場合は、そのあたりまで考慮しておきましょう。

Point

- 不動産投資の基本ステップは、①「目標設定」→②「融資」→③「物件の選択・購入」→④「物件の管理」→⑤「物件の売却」の5つになる。
- 融資は、不動産投資の成功に欠かせない大きなファクターであるので、自分一人だけの判断に頼らない。

Column 2

ふるさと納税や助成金の制度を利用して得をする

「権利の上に眠るものは保護に値せず」という言葉をご存じでしょうか。時効についての格言で、「飲み屋のツケを、おかみさんが1年間請求しないでいると、時効になり、もうお金を請求できなくなる」ということを意味します。

得をする制度があるにもかかわらず、「面倒なのでやらない」というのでは、権利を放棄していることになるのではないでしょうか。

投資をする人の多くは、〝情報に敏感〟であり、〝得することが好き〟という特徴があります。そういった方は、不動産投資にとどまらず、多岐にわたって情報を収集しており、私も色々と教えてもらう機会が多いです。

「ふるさと納税」をご存知でしょうか。最近ニュースでも取り上げられるようになり、認知度が上がってきました。これは、いわゆる自治体への寄付金です。しかし、ただの寄付金ではありません。個人が2000円を超える寄付を行った場合、住民税のおよそ2割が還付、控除されるのです。しかも、寄付したお礼として特産物をもらえる場合もあるのです。

これは〝ノーリスク・ハイリターン〟なしくみです。年収にもよりますが、たとえば年収1000万円で30万円分寄付した場合、29万8000円が確定申告で戻ってきます。確定申告が面倒な方は、5自治体以下の範囲であれば不要という措置も昨年から取り入れられました。自分の出身地や両親のふるさと、被災地などの応援したい街、旅行に行って気に入った街など、好きな場所に寄付が可能です（http://www.furusato-tax.jp/about.html）。

あるいは、中小企業（不動産投資事業を含む）に対して、100万円～1000万円の補助金や公的融資を活用する方法もあります。しかも、補助金に関しては返済が猶予されるというものまであります。もちろん、審査は簡単ではありません。問題なのは、そうした制度があることをまだまだ多くの方が知らないということです。

もちろん、その原資となっているのは、私たち国民が支払っている税金です。税金がどのように使われているのかを知ることは、より有利な人生を送るためにも重要なことだと思います。

第3章

実践不動産投資❶

目標を設定する

不動産投資に向いている人、向いていない人

本章からいよいよ不動産投資の実務の説明に入っていきます。本章では5つのステップのうち、①「目標設定」について説明します。最初に「**不動産投資に向いている人、向いていない人の特徴**」についてです。

▼不動産投資に向いている人

不動産投資に向いている人を挙げるとすれば、おおむね次のような特徴があると言えます。

・**本業が忙しい人**
・**「広く浅く」よりも「深く狭く」のつきあいが得意な人**
・**良い意味で開き直れる人**
・**「コツコツ地道に」ができる人**
・**レスポンスが速い人**

以下、その理由を説明します。

❶本業が忙しい人

本業が忙しい人の方が向いています。なぜなら、本業でしっかり稼いでいることで生活の基盤ができていることに加えて、投資に使える時間が限られているからです。使える時間が限られていると、効率よく投資を進めようと考えるはずです。結果として、**無理して自分で全部やるのではなく、外部にできることは外部に任せるようになり、不動産投資はスムーズに進みます。**

❷「広く浅く」よりも「深く狭く」のつきあいが得意な人

不動産会社・管理会社とのつきあいを考えた場合、相手に一任することで責任感を持たせる方が得策です。複数の業者から物件情報を幅広く収集したいと思うでしょうが、**不動産投資成功のカギは物件よりも〝人〟**です。深くつきあうことで、〝人〟を見極められます。

また、先輩投資家は、それぞれ自分のスタイルで投資を行っています。そのため、たくさんの投資家から情報収集すると、成功の法則がわからなくなります。**自分と考えが近い人から深く情報を聞き出す方が重要**になります。

❸良い意味で開き直れる人

あくまでも投資であるため、最後は思い切りよく決断できる人が向いています。どんなに勉強や研究をしてもリスクがゼロになることはなく、**いつかは決断しなければなりません**。そのとき、良い意味で開き直れる人のほうがあれこれ悩まずにすむでしょう。これは、他の投資でも同じかと思います。

❹「コツコツ地道に」ができる人

不動産投資は、**短期間で資産を2倍、3倍に増やすことには向いていません。**売却益が出るにしても、時間軸で考えた場合、年単位と長いのが不動産投資の特徴です。保有している期間の管理運営は地道な作業になります。投資は、コツコツと小さな利益を積み上げるタイプと、一攫千金を狙うタイプに分かれます。**不動産投資に向いているのは前者のタイプ**になります。

❺レスポンスが速い人

不動産会社は、物件情報を多くの顧客に一度に送っています。競合する他の投資家をリードするには、**先に情報を得て、先に決断を下す必要があります。**

また、メールの返信が速く、連絡がまめであり、書類を期日までに用意できる方は、金融機関から好まれます。

金融機関や不動産会社からの印象が良い人は、不動産投資に向いていると言えるでしょう。

▼不動産投資に向いていない人

次に、不動産投資に向いていない人の特徴は、次のとおりです。

- **全部自分でやらないと気がすまない人**
- **計画性がない人**
- **細かいことを気にする完璧主義な人**
- **言い訳が得意な人**

以下、その理由を説明します。

❶全部自分でやらないと気がすまない人

物件の管理をオーナーが自らやることはもちろん可能ですが、それには多大な時間と労力がかかります。したがって、**適宜、人に任せることが必要となってきます**。その際、管理会社に対して小うるさく立ちまわってしまう人は嫌われてしまう可能性があるので、向いていないと言えます。

❷計画性がない人

「投資」という側面から考えると、投資で稼いだお金をすぐ使ってしまう人、計画性がない人は向いていません。**なんらかのトラブルが発生したときに対応できなければ、投資を継続することはできないからです。**

❸細かいことを気にする完璧主義の人

不動産業界とは、**他の業界と比べて、お金や時間について大雑把な会社が多い**です。扱う金額が大きいため、丼勘定になりやすいという傾向があるのでしょう。また、一概には言えませんが、都心部と比べると、地方の業者はレスポンスが遅いという印象があります。自分の価値観を押し付けず、相手に合わせることも時には必要となります。

❹言い訳が得意な人

家族が反対している、お金がない、仕事が忙しい、経済市況が悪い……、投資をしない理由はいくらでも自分の中で作ることができます。もちろん慎重に考えるのは、投資をする上で必要なことですが、リスクは想定して対策を立てるものです。頭が良く、言い訳が得意で、結果的に何の行動も起こさない人もまた、不動産投資には向いていません。

▼家族と幸せになりたいなら不動産投資がお勧め！

不動産投資をはじめるときは、やはり不安が伴います。「失敗したらどうしよう」「大きく損をしてしまうのではないか」などと考えるのは自然なことです。「もっと安全な方法はないか」と考えるのは当然です。

そのとき、「**家族のために**」という思いが、最後の後押しになります。

万一、大黒柱である自分になにかあったとしても、不動産収入が金銭的に家族を守ってくれます。また、そういった方は、不動産収入を使わずに貯める傾向が強く、成功確率は高まります。

毎日の仕事が忙しくて、家族との時間がとれずに悩んでいる方は多いと思います。「**そのような状況を打破するために不動産投資に挑戦する**」というのも、動機としては間違っていません。

子どもとすごす時間を確保できず、気がついたときには大人になっていたというのでは、何のために仕事をしているのかわかりません。ぜひ、不動産投資に取り組むことによって、家族とすごす時間を増やし、家族との幸せもつかんでいただきたいと思います。

Point

- **不動産投資には、向いている人、向いていない人それぞれに特徴があると言える。基本的に物事に細かすぎる人は不向きである。**
- **反対に、社交的な人、人を信頼して任せることができる人は向いていると言える。それが結果的に家族との幸せもつかむことにつながる。**

09 自分の人生設計を考えることで、不動産投資の目標が明らかになる

ここから不動産投資の目標設定の話に入っていきます。まずは自分自身のライフスタイルを考えることが必要となります。

▼人生のステージごとに必要な金額を算出する

不動産投資のファーストステップは「**目標の設定**」です。目標とはつまり、自分の人生プランを俯瞰(ふかん)して、「**いつ、どのくらいのお金が必要なのか**」を算出することです。ファイナンシャルプランナーがやっているように、表をつくって考えてみるとイメージしやすいでしょう。

あまり長期的なことは考えられないという場合には、直近1～2年から考えてみることをお勧めします。簡単な収入と支出のバランスを見たうえで、「**手残りがいくら、貯金がいくら**」と考えていくと、老後にいくら足りないのかがわかるようになります。

そのとき、「いくら足りないから、普段の生活を切り詰めよう」と考えるのは普通のことですが、それでは残りの人生があまりに味気ないものになり兼ねません。かと言って、これからの時代に年収が右肩上がりになると考えるのは、希望的観測にすぎないでしょう。

そこで不動産投資が必要となるのです。考え方としては、「**いくら足りないから、その分を不動産投資で稼ぐにはどうしたらいいのか**」、具体的には「**どのくらいの価格で、どのくらいの利回りの物件を買い、何年保有し、何年後に売却すればいいのか**」という〝青図〟を考案します。

▼「ダブルインカム」という発想を持つ

日本と海外では、投資に対するイメージが大きく異なります。その理由として、海外では「**自分の身は自分で守る**」という意識が強いことが挙げられます。「ゆりかごから墓場まで」ではないですが、これからの日本では「国の施策におんぶにだっこ」というわけにはいきません。

そこで、発想として持っていただきたいのが「**ダブルインカム**」です。つまり、**複数の収入源を持つことによって、所得の安定化を図る**のです。とくに安定した職業に就いており、定年が計算しやすい人ほど、「**老後のためにもダブルインカム**」という発想が必要かと思います。

不動産投資の場合、最終的に売り抜けるゴールがあるため、それがいくつのときか計算しておけば、次の投資もスムーズに行えます。そのようにして、本業の定年とともに、定年のないもう1つの収入源を確保しておけば、「老後」という発想そのものも必要なくなります。

また、子どもがいる家庭の場合は、学費などこれから必要となる金額をある程度算出し、その分を不動産投資で稼ぐというのもいいでしょう。

▼必要最低限プラスアルファのお金を得る

「投資」と聞いて、「巨万の富を得る」というイメージを持っている方もいるかもしれません。しかし、本書で説明している不動産投資はもっと堅実なものだと考えてください。「目標を設定する」という発想からして、「とにかく、たくさんのお金を得られればそれでいい！」という考え方とは大きく異なることがわかるはずです。大切なのは、**「必要最低限プラスアルファの収入を得る」**こと。それが堅実な投資に不可欠な発想です。

ちゃんと試算すれば、将来必要になるお金の額を知ることは可能です。また、収入が伸びるはずだからと、希望的観測に頼ることもなくなります。加えて、**不動産投資による収入についても、おおよそ予測することが可能なので、計画的な人生を歩めるようになる**のです。

「退職金が出ない」「年金がもらえない」「貯金だけではやっていけない」……このような悪い事態を想定して、十分な備えをしておくこと。それが結果的に、何もしないリスクをカバーすることにつながります。

もちろん、「子どもや孫に資産を残してあげたい」という発想から不動産を所有しておくのも効果的です。あわせて、税金についても知っておくといいでしょう。**「現金で残すのではなく、不動産などの現物で残す」というのは、相続税対策のもっともポピュラーな方法です。**

Point

- **不動産投資で重要なのは、「巨万の富を得る」ではなく、人生設計の中で「いつ、どのくらいのお金が必要なので、その分を稼ぐ」という発想である。**
- **「自分の身は自分で守る」ために、〝ダブルインカム〟という発想を持つことが必要になってきている。**

不動産投資を〝ストーリー〟として考える

ここでいう**〝ストーリー〟とは自分の人生の流れという意味**です。つまり、一人ひとり異なるストーリーの中で、不動産投資をどう位置づけるかということが重要になります。

▼目標から購入する不動産を逆算する

ある程度、目標が定まってくると、具体的な数字が把握できるようになります。「**向こう10年間で毎月10万円プラスにしなければならない**」とか、「**10年で500万円プラスにすれば余裕ができる**」など、目標が数値として認識できるようになるのです。

そのうえで、購入する物件の価格を計算してみましょう。いわゆる逆算です。必要な金額を考慮したうえで、利回りやローン返済・管理費などの経費を考慮して算出していきます。たとえば、毎月50万円の収入増を最終目標とするならば、2~2・5億円分の物件を購入する必要があるというような逆算をします。

あとは、増やしたい金額に応じて、物件価格は変わってきます。もちろん、これはあくまでも概算なので、きちんと細かい部分まで計算して、支出を算出しておきましょう。

ただし、ここで算出した数値は、あくまでも投資額です。2億円の物件を1棟で購入するとなると、あまりにリスクが大きくなってしまうでしょう。ですので、**地政学上のリスクも考慮しながら、複数の地に購入するのが妥当**です。

▼地政学上のリスクについても考える

日本は「地震大国」と呼ばれるほど、地震が多い国です。そこで、不動産投資をするにあたっては、たとえば5億円投資するとなれば、札幌に1棟、仙台に1棟、首都圏に1棟、名古屋に1棟、福岡に1棟というかたちにするのがベストです。

もちろん、投資スタイルは人それぞれなので、都内の物件に5億円すべて投下したいという方もいるでしょう。たしかにそのほうが、関係する業者の数も減りますし、実質的な手間は少なくなるかもしれません。都内に物件を持っていれば、ブランドにもなります。

ただし、地政学的に考えてみたら、これはリスクが大きいと言わざるを得ません。もし首都圏に直下型の巨大地震が発生した場合、たとえ保険に入っていたとしても、物件そのものは失ってしまうことになるのです。その点で、**日本各地で巨大地震が同時に発生することはないでしょうから、分散して持っておくほうが賢明**なのです。

また、土地に応じて、建てるべきマンションやアパートも異なります。鉄筋コンクリート造にするのか、木造にするのかなど、細かい部分でよりコスト管理ができるというのも、分散投資の魅力でしょう。

多少の手間がかかるとしても、自分で判断できる項目を増やしておくことによって、**リスクを軽減させたほうが、投資の成功率はより高まります。**

▼ゴールを明確にすれば、やるべきことも見えてくる

大切なのは、「**ストーリーとして不動産投資をとらえる**」ということです。ストーリー

とは、**「自分の人生がどのような流れで進んでいくのかを想定し、その流れにそって不動産投資を活用する」**ということです。

子どもの養育費として、退職金代わりとして、年金の代替として……、使いみちは、それぞれの人が描くストーリーによって変わります。「〇〇歳まで生きたいから、それまでの金額を計算して、足りない分を不動産投資で稼ぐ」というストーリーもいいでしょう。

ゴールが明確になれば、あとは逆算すればいいので、やるべきことが見えてきます。とくに不動産投資に関して言えば、表面利回り、実質利回り、DSCRなど、計算するべき数値は決まっていますので、あとは物件を探すだけです。

すでに述べているとおり、現実の生活をちょっと豊かにするぐらいでイメージしておいたほうが、物事はスムーズに進むかと思います。

事実、毎月の収入が5万円増えるだけでも、生活は楽になったと感じるはずです。大切なのは、そうした実感を得ることです。宝くじやギャンブルとは異なり、不動産投資は堅実な運用によって得られる、リスクを加味した収益なのです。

もちろん、海外旅行に行きたいとか、クルマが欲しいなど、現実的な夢を描くのは大いに構いません。むしろ、楽しくライフプランを考えるほうが、投資意欲も高まるというものです。想定される暗い未来をカバーするために、明るく楽しく、幸せな将来を、不動産投資で実現していきましょう。

ぜひ、**最悪の事態を考慮しつつも、楽しくプランニングしてみてください。**

Point

- 不動産投資では、漠然と「○○円稼ぎたい」ではなく、まず目標を設定してから、物件や利回りを逆算するほうが成功する。
- 高望みするのではなく、現実の生活を少し豊かにするくらいのイメージで望むべきである。

Column 3

奥さんを説得する方法

不動産投資を実践するにあたって、まず真っ先に反対するのが奥さんです。女性には「家庭を守らなければならない」という保守的な性質があるので、最初から賛成する人は稀です。

反対する奥さんに対して、旦那さんがいくら論理的に説明しても、なかなか納得してもらえないでしょう。現金で購入するならまだハードルは低いですが、「借金をする」、しかも「億単位の」なんて話だったら、すぐに納得するほうがおかしいです。なかには、「不動産投資」という単語を聞いただけで、毛嫌いしてしまう奥さんもいるかもしれません。

そうした奥さんを説得するには、どうすればいいでしょうか。あまり大きな声で言えませんが、私がお勧めするのは、ナイショで物件を購入することです。そして半年後に、貯金通帳を見せるのです。

反応はおおむね2通りに分かれます。「儲かるのなら別にいいんじゃないの」という容認派と、「もっと買ったらもっと儲かるよ！」という積極派です。

なかには、不動産投資をすることによって、夫婦仲が改善したという方もいます。ひとつの目標に向かって協力しあうことで、夫婦仲もまた良くなるという論理です。

長期的な視点で考えると、不動産投資を実践していくには家族の協力が必要です。また、自分以外の家族を法人の代表者にして投資と融資の幅を広げるという方法もあります。

投資の成功は家族の幸せにつながります。もし、どうしても奥さんが賛成してくれないという場合には、「貯金通帳作戦」を試してみてはいかがでしょうか。
※内緒で行う場合、万が一、家族の大反対に遭う場合を想定して、損切りをしても売却して投資を終わらせることができる状態は作っておきましょう。

第4章

実践不動産投資❷
融資の受け方

不動産投資における融資に関する基礎知識

本章では、不動産投資の5ステップのうち、ステップ②の「不動産投資に必要な資金の融資の受け方」について説明します。

銀行の融資審査には、大きく①「**物件の審査**」、②「**人の審査**」、③「**業者の審査**」の3つがあります。それぞれの内容を説明しましょう。

▼①「物件の審査」

購入したい物件が見つかったら、次に考えるべきは、「**どの銀行から融資を受けるか**」ということです。銀行によって審査内容も違えば、金利も異なります。あるいは、地方都

図表6　銀行の融資審査の3つの基準

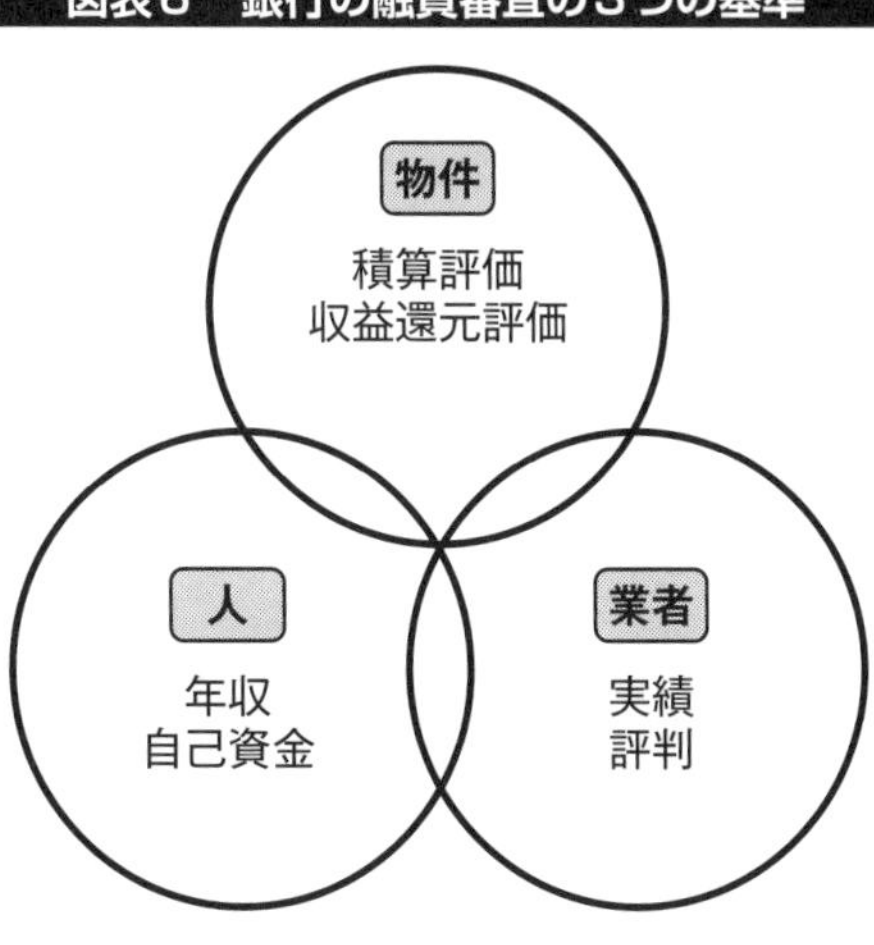

市で購入する場合、使える銀行の数や種類も異なります。そういった部分を考慮しつつ、どの銀行なら融資を受けられるのかどうか、判断していきましょう。

銀行が物件を審査する方法は2つあります。①「**積算評価**」と②「**収益還元評価**」です。

❶積算価格

積算評価とは、「**その物件に担保としての価値がどのくらいあるのか**」を計算する方法です。計算式は次のとおりです。

積算評価＝土地（路線価×土地面積）＋建物（建物面積×標準建築単価×〈法定耐用年数－築年数〉）

図表7　建築工法ごとの法定耐用年数と標準建築単価

	法定耐用年数	標準建築単価
鉄筋コンクリート造（SRC造）	47年	25万6000円
鉄筋コンクリート造（RC造）	47年	20万3800円
鉄骨造（S造）	34年	16万4300円
木造（W造）	25年	15万9900円 （居住用22年）

（標準建築単価は国税庁ホームページ参照）

土地の価値は、国税局が毎年7月に発表する「**路線価**」をもとに算出します。最新年分から、道路に面する宅地の1㎡当たりの評価額を調べて、土地の面積を掛け算します(http://www.rosenka.nta.go.jp/)。

建物の価値は、再調達価格を算出します。まず、建物面積に標準建築単価をかけて総建築費を出します。そのうえで、法定耐用年数から経過年数を引いた残存年数をかけ算します。

金融機関によっては、標準建築価格ではなく、地域別の建築費で算出したり、予測される維持修繕費を差し引いたり、積算価格の80%で評価したりとストレスをかけます。

収益還元評価を評価の主流としている金融

機関でも、利回りが読みにくい地域については、積算評価で行います。

❷収益還元評価

収益還元評価とは、**「その不動産が将来どのくらいの収益を生み出すか」**を算出する方法です。計算式は次のとおりです。

収益還元評価＝（年額賃料－管理費）÷還元利回り

ここでポイントとなるのは**「年額賃料」**です。こちらは、満室想定ではなく、現況賃料で評価します。金融機関でも賃料相場は把握しており、算出します。金融機関データの賃料と現況賃料を比較し、金額が安い方を採用します。そこから、空室リスクと将来の家賃下落を想定して、家賃から70％から80％を掛けて評価を出します。

「管理費」は、管理委託料や保険料、エレベーターのメンテナンス代や電気・光熱費などを指します。実額がわかっている場合は実額で計算してもらえますが、わからない場合は「家賃の15％」などとざっくり試算します。費用の試算は多めにみるので実額より高くなります。結果、融資金額や金利が不利になりますので、できる限りの情報を金融機関に提出することが重要です。

還元利回りについては、類似物件の取引事例や不動産会社が公表しているデータ、公表されている市場データから各金融機関が算出します。大手金融機関なら、地域ごとのデータを独自に持っています。そのため、データのない地域については、積算評価で評価するか融資をしないか、いずれにしても消極的な評価しか出ません。

金融機関は、これらの計算方法をもとに、物件の価値を判断し、融資できるかどうかを決めることになります。

❸ 比較事例法による評価

査定価格の算出方法には、もう一つ**比較事例法**というものがあります。一般には、投資ではなく、住宅の場合に、この方法は用いられます。近隣の成約事例と対象不動産、それぞれに点数をつけます。点数は、土地の形や向き、階数など20項目以上あり、客観的な判断が可能な要素だけで行います。金融機関は、過去に融資した実績データを蓄積していますので、過去の融資と比較して判断をするということが行われているのです。

▼②「人の審査」

次に、「**人の審査**」についてです。銀行から融資を受けるためには、借り手の審査が重要になります。いくら物件が融資するに値するものだったとしても、借り手の信用力がなければ、銀行は融資することはできないのです。

この場合の信用力とは、社会通念上の信用力ではなく、あくまでも「**返済能力がある借り手かどうか**」を意味しています。**公務員のように収入が安定している職業ならば融資の確率は高くなります**。同じ理由で**会社員も審査上は評価されやすい**とされています。

逆に、**審査が厳しい属性は、自営業者**でしょう。安定した収入があるにもかかわらず、節税のために赤字申告や利益を圧縮しているような自営業者は融資を受けることができません。融資を申請するとき、彼らは口を揃えて「本当は利益が○○万円出ている」と言いますが、銀行はあくまでも書類上でしか審査をしません。したがって、自営業者で不動産投資を考えている方は、1年間か2年間は節税しないで法人税をしっかり納め、役員報酬もしっかり取りましょう。そうすれば融資を受けることは可能です。

また、**本人の経歴や家族構成を利用して融資を有利に進めることも可能**です。たとえば、実家に無担保の土地があるとか、両親が資産家であるとか、親族に優良企業の経営者がいる場合は、銀行も融資決定をしやすくなります。

この場合、両親の自宅は絶対に担保に取られません。担保として取り上げても、いざというときに両親の住まいを奪って路頭に迷わせて良いのかという倫理上の問題がはらんでいますので、金融機関は逆に嫌がります。

その他にも、銀行の審査において有利に働くと思われる情報があれば、惜しみなく出しましょう。その際、口頭で言うのではなく、必ず書面で提出することが重要です。審査は基本的に書面上で行われます。**稟議書の厚さで、融資の有利不利が決まる**と言っても過言ではありません。そのような銀行の事情にも配慮して、審査を有利に進めていきましょう。

▼③「業者の審査」

最後に、**「業者の審査」**もあります。これは、案件を持ち込んだ不動産業者に対して、銀行がどのような評価をしているか、ということです。

すでに、優良顧客をたくさん紹介してくれており、つき合いも長い業者であれば、銀行の審査にも有利に働くことでしょう。一方で、業界内で評判の悪い業者が持ち込んできた案件であれば、はじめからマイナスに評価されることもあるかもしれません。

案件を持ち込んできたということで言えば、当事者は必ずしも不動産業者だけとは限りません。たとえば、不動産コンサルタントが案件を持ち込んだ場合には、そのコンサルタントが審査の対象となります。

いずれにしても、**オーナー側の努力で業者の評価を変えることはできません**。評判や口コミをきちんと調査して、あらかじめ優良な業者を選ぶようにしましょう。

▼頭金、自己資金はゼロで購入可能な場合も

融資の際に気になるのが、「**頭金はいくら用意しておけばいいのか**」ということです。現実には、頭金はゼロでも物件を購入することは可能です。

もちろん、どの銀行から融資を受けるかによって、頭金の要不要は変わります。金額もまたしかりです。金利もサービスも銀行ごとに異なるのは、一般的な企業の違いと同じこ

とです。

したがって、できるだけたくさんの銀行を融資先の候補として挙げておくことが大切です。もし選択肢が少なかった場合、あまり好ましくない条件で融資を受けなければならない可能性があるのです。

また、頭金ゼロで購入できると言っても、融資してもらったお金は返済しなければなりません。融資額にはとうぜん金利がつきますので、そのあたりも加味しながら、検討することが大切です。

Point

- 情報の提供量により融資条件が大きく変わる。物件の審査では、経費の実額を入手、人の審査では、有利に働く情報を持っていれば惜しまず提供する。
- 銀行ごとに金利やサービスは異なるので、融資を受ける候補となる銀行は、なるべく多く確保して、少しでも有利なところを選ぶ。

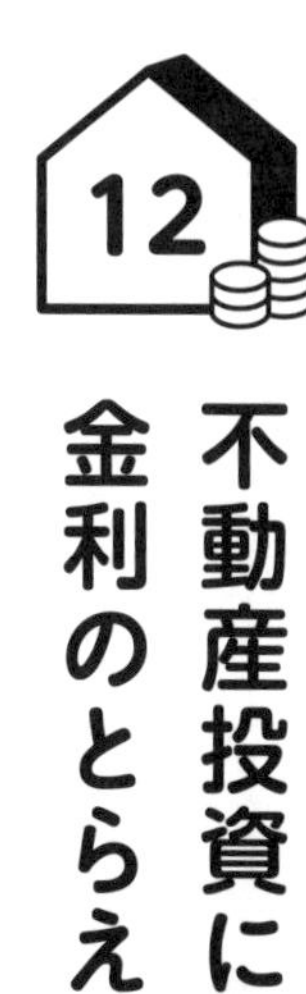

12 不動産投資における金利のとらえ方

本項では金利についての基本を説明します。資金を融資で引くのが通常のやり方である以上、金利に無知であることは大きなリスクになります。

▼イールドギャップを考慮する

不動産投資において考えるべき金利について「**イールドギャップ**」があります。イールドギャップとは、**投資利回りと長期金利との差**のことです。

このとき、考えておきたいのは、「**利回りと金利の双方から試算する**」ということ、また利回りは、**表面利回りではなく**、**実質利回りで判断する**ということです。

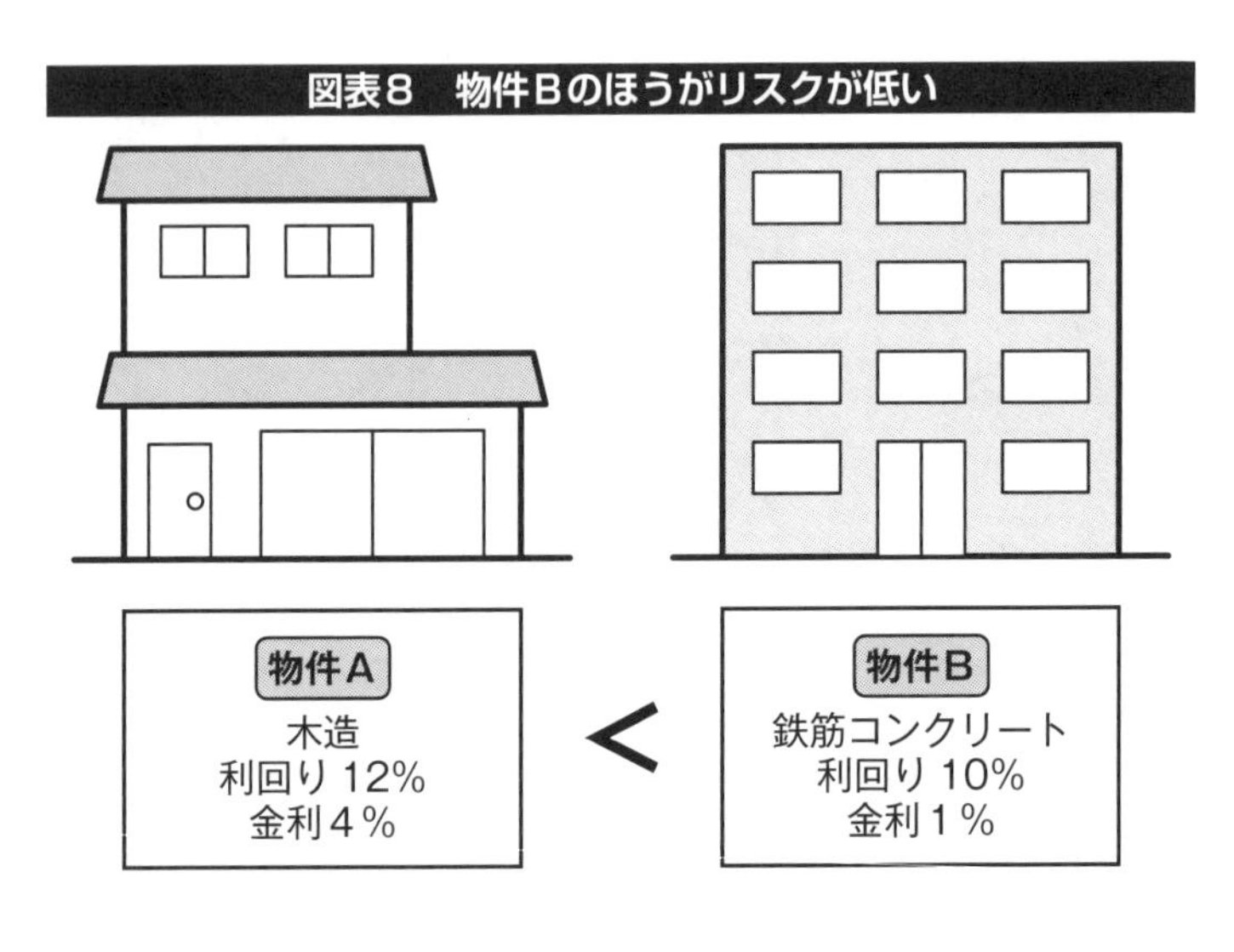

もし、利回りだけで評価していたら、図表8の物件Bは条件が悪いと判断されてしまいます。しかし、イールドギャップを見てみると、物件Aは12－4＝8%、物件Bは10－1＝9%になるので物件Bの方がイールドギャップは高くなります。つまり、物件Bのほうがリスクは少ないと判断するべきなのです。

不動産投資では、**イールドギャップをいかに高めていくか**が重要になります。だからこそ、金利について考える際には、利回りとセットで検討することが大切です。

▼ローンの基本

ローンの基本項目である「**変動金利**」と

図表9　変動金利

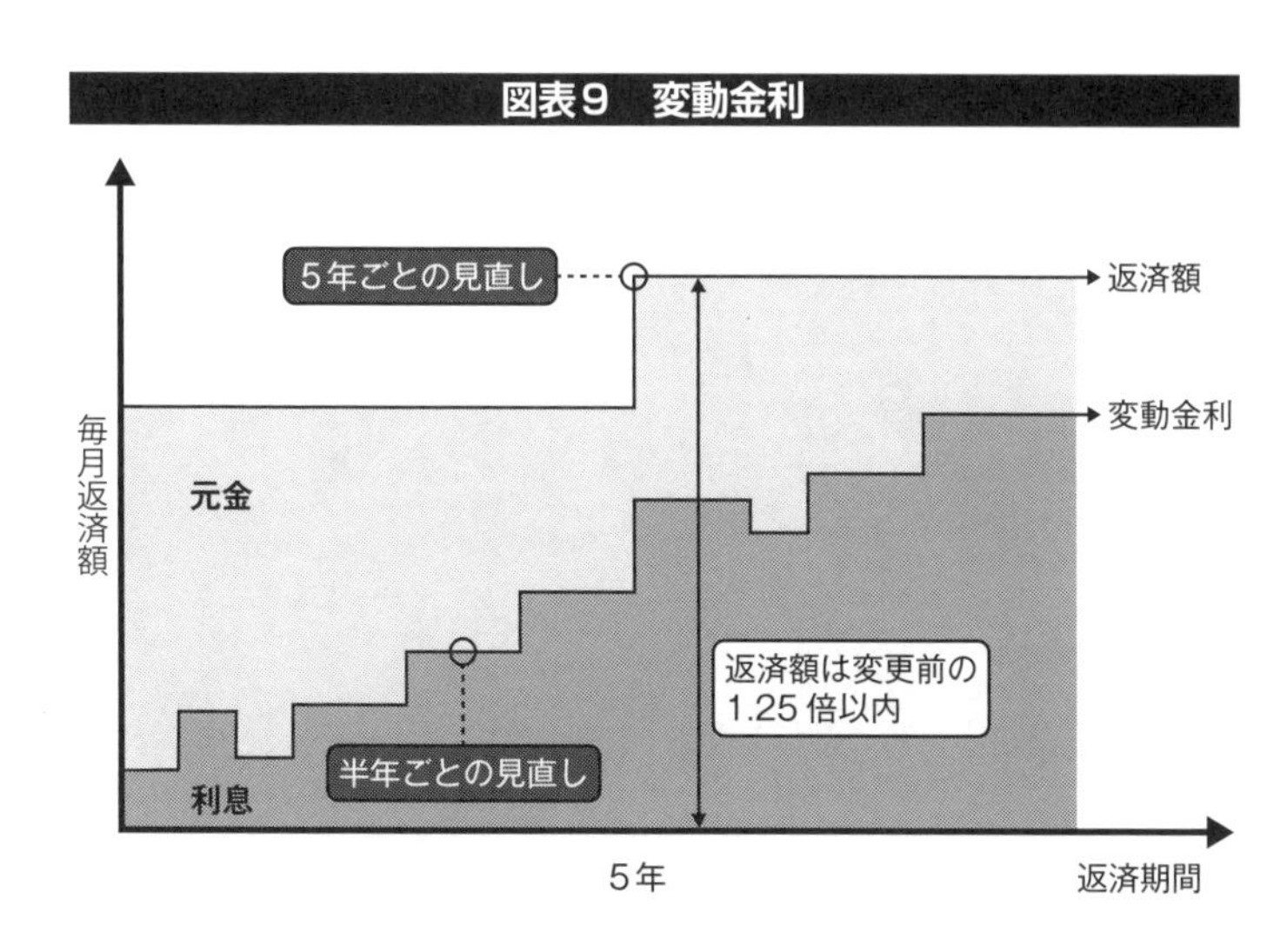

「**固定金利**」についてもふれておきましょう。

変動金利とは、市況によって金利が変化するタイプのローンです。通常、半年に一度金利の見直しがあり、5年間は、毎月の返済額を変えることなく、元金の返済額によって調整しています。つまり、毎月の返済額が変化するのは5年ごとということになります。

また、5年ごとに見直される月々の返済額については、25%の上昇率を超えない範囲と設定されています。ですので、急激に金利が上昇したとしても、毎月の返済額は緩やかな上昇となります。借り手の負担を考慮してのことです。

次に、固定金利についてみていきましょう。

固定金利には「**選択型**」と「**全期間型**」があ

り、それぞれ金利が固定される期間を選べるものと、全期間の金利が固定されるものになります。

金利の将来予測は難しいものですが、「**上昇予測をするのなら固定、現状維持および下降予測であれば変動**」と判断するのが一般的です。

銀行の審査は、現状の金利が何%だとしても、**金利が4%になった場合に返せるか**という想定の下に融資金額を決定します。ただし、固定金利の場合は貸し出しする固定金利で審査をします。つまり、固定金利の方が変動金利に比べて融資が通りやすいということです。

ここで1点注意事項があります。固定金利にした場合、繰り上げ返済をすると非常に高い手数料がかかります。金融機関にもよりますが、借りた金額の2~5%と高額です。なので、固定期間終了後は変動金利になりますので、そこで売却する必要があります。事前に売却時期をシミュレーションしておくことがここでも重要となってきます。

▼「元利均等」と「元金均等」について

ここでは、返済方法の選択について説明します。返済時期や売却などを見据え、収入の下落や支出の増加などを考慮した返済方法や返済期間を選びましょう。

元利均等とは、毎回の返済額が同じ額になる返済方法です。毎回の返済額は一定ですが、元金部分と利息部分の内訳が回によって異なっています。当初は利息部分が多く、元金部分が少ないため、元金の減り方は遅くなります

元金均等は、毎回支払う「元金」部分が均等になる返済方法です。当初の返済額が一番多く、将来の返済額は少なくなっていきます。元利均等返済と比較すると、当初の支払額の負担が重くなりますが、元金部分の減り方は速くなります。

▼リスクを加味したシミュレーションを

金利の上昇リスクは100％市場に依存します。つまり、いくらこちらから働きかけて

も、操作することはできません。

とりうる対策は2つです。1つ目は、物件を分散投資。ある物件は変動で借りて、ある物件は短期固定、ある物件は長期固定と金利を組み合わせる。2つ目は、金利を4％や5％でシミュレーションをして、想定しておくという対策です。

そうは言っても、アメリカのサブプライム危機のように、想定できない事態が起こるかもしれません。そうしたリスクも考慮して、取り組む姿勢が大切です。

Point

- 不動産投資において、利回りは金利とセットで考えることが極めて重要なことであると言える。
- 固定金利の方が、融資評価は出やすいが、繰上げ返済（売却時を含む）をするときに高額な手数料がかかるので注意が必要である。

融資を個人で借りるか、法人で借りるかの選択

▼資本金1円でも会社はつくれる

不動産投資ローンとは、**「マンション経営、アパート経営という事業」**に対して融資をします。事業に対する融資なので、個人でも法人でも借りることができます。

法人で事業を行うには、かつては「資本金1000万円以上」という高いハードルがありました。しかし、現在では制度が変わり、資本金1円でも株式会社が作れるようになっています。

「どのように融資を組み、不動産投資を進めていくか」は、不動産投資の成否を分ける重要な選択です。それぞれのやり方の特性を理解して、自分に合った方法を見つけてください。

まずは、融資を個人で借りるか、法人で借りるかの違いを理解しましょう。

①個人融資

団体信用生命保険が使えるのは大きいです。万が一、死亡した際、融資は団信により完済されます。また、個人の信用力による影響が大きい分、審査項目が少ないので結果が出るのが早いです。物件や不動産業者によっては個人限定でしか買えない場合もあり、物件購入の選択肢は広がります。しかし、個人で買い進めて行くと、いずれ限界が訪れます。年収にもよりますが**借入総額5億円**という壁があります。また、**高額の融資を抱えていると住宅ローンが組めない**場合があります。

②法人融資

法人での融資は、借入金額に上限がありません。1棟買うごとに実績を積み上げることで買い増しを続けることが可能です。また、お金を借りたのは法人なので、個人の信用情報に影響が出ないようにする方法もあります。しかし、**個人に比べ、物件への依存度が高**

くなるので、融資のハードルが上がります。物件を外部の鑑定評価会社に依頼するので、審査に時間がかかります。その分、評価も出づらく、個人に比べて自己資金が多く必要となる場合があります。

▼法人のつくり方

以上の違いを理解していただいたところで、法人の作りかたを学びましょう。

ここでは自分で作る方法を記載していますが、専門家（司法書士）に設立を依頼することで手間は大きく省けます。

法人設立は、４つのステップが必要です。

【ステップ1】法人名・代表者・住所を決めて、判子を作る

会社の設立に特にルールはありません。〝会社バレ〟を気にする方は、法人名に自分の名前を入れずに、代表者を配偶者にして、登記する住所を自宅以外の実家などにします。

ただし、金融機関から融資を受ける場合は、融資を受ける支店からあまりに離れた場所を

本店所在地にしない方が無難です。

法人名や住所が決まったら、次に法人の印鑑を作りましょう。ゴム印まで作っておくと、契約書類を作る際に手間が減ります。

【ステップ2】資本金を決める

先ほど述べたように、資本金は1円でも問題ありません。逆に1000万円以上にすると、消費税課税の問題が出てくるので好ましくありません。

金額が決まったら、自分の口座に自分から資本金を振込ます。ポイントは、口座にお金が入っているだけでは駄目で、入金される必要があるということです。入金をした通帳の表と表紙裏と入金されたことがわかる箇所の計3ページをコピーします。

【ステップ3】定款を作る

定款とは、会社の目的や活動、規則を記載したもので、すべての会社に作成が義務づけられています。

融資を受ける場合、定款上の会社の目的は、

1　不動産の売買・賃貸・管理並びにそれらの仲介および斡旋
2　上記に付随する一切の事業

としておくのが無難です。他の事業を盛り込むと、金融機関は他の事業が失敗することで法人が赤字を出すことを嫌うからです。

また、電子定款にすることで印紙代4万円を節約できます。

【ステップ4】法務局に持ち込む

設立する会社の本店所在地を管轄する法務局へ行きます。その際、各種書類と代表者の印鑑証明、登録免許税を用意します。

電子定款と各種書類については、「会社設立ひとりでできるもん」というサイト(https://www.hitodeki.com/)で用意することが可能です。

▼法人の種類（合同会社と株式会社）

合同会社をご存じでしょうか？　あまり有名でないのがデメリットです。

合同会社は、株式会社と比べて設立費用が安く、少人数で出資する会社に向いています。費用は自分で作ると6万円、司法書士に依頼しても10万円ほどで設立できます。法人格を有しているので、税制は株式会社と同じです。有名な企業ですと、あのアップルジャパンも実は合同会社です。

株式会社は、出資者が多数いる場合に向いており、費用は自分で作っても20万円、司法書士に依頼すると25万円ほどかかります。

相続の際、手続きは株式会社の方が株の相続だけなのでシンプルです。合同会社の場合は、社員としての地位を承継する必要があるので面倒な手続きになります。

費用と相続時のことを考えて選択しましょう。

▼〝会社バレ〟するのは法人・個人どっち？

個人の場合、収支が黒字であれば確定申告で住民税を普通徴収にすれば、会社にバレません。しかし、問題は赤字の場合です。「住民税決定通知書」というものが、毎年6月頃会社から配られますが、その際にしっかりと不動産収入の赤字が計上されます。

法人で給与（役員報酬）を取らないという方法であれば、赤字であっても黒字であっても個人収入とは分離されているのでバレません。何かの拍子にバレたときの対策として、配偶者を代表者にするという方法も有効です。

ただし、100％バレないという保証はありませんので、副業申請をして取り組むことをお勧めします。

▼個人か、法人かで税金が変わってくる

個人の場合、年収が高くなる程税金が高くなり、最高で所得税と住民税を合わせて約56％（平成27年分以降）にもなります。そこから控除額を引いて税金を計算しますので、自分の年収の場合、税率が何％になるか、把握しておきましょう。法人は一律で、国税と地方税を合わせて約34％、800万円の利益までは約24％という計算になります。

ただし、赤字の場合、不動産所得のマイナス分を給与所得から差し引くことができるので、その場合、高い税率の方で赤字を出した方が有利に働きます。

また、個人は青色申告することで65万円を不動産所得から控除できますが、法人は損益

図表10　平成27年以後の所得税税率

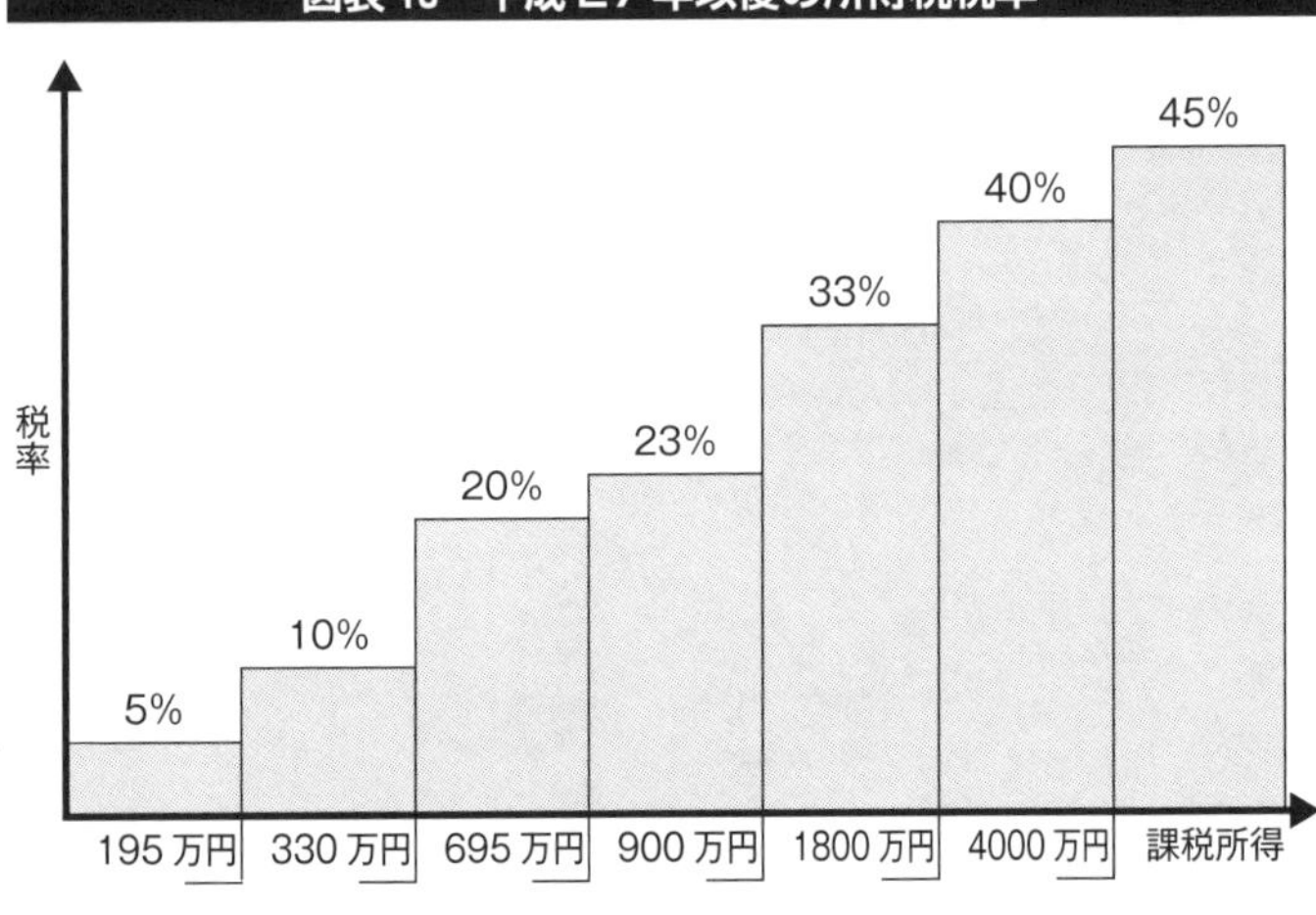

にかかわらず、年間7万円の法人住民税がかかります。法人は、自分で決算を行うことが難しいので税理士費用も考慮しましょう。

融資以外でも資産管理法人は、大きく3つの使い方があります。

1つは、ここまで説明してきた「**融資を受けて不動産を法人で持つ**」という方法です。

2つは、「**個人の物件を所有法人で一括借り上げ（サブリース）する**」方法です。個人と法人を比べると、経費で使える幅が違います。サブリースをすることで、個人には安定収入が入り、法人で出た利益には経費が使えるというメリットが生まれます。

3つは、**個人の物件の管理会社となり（表面上）管理料を取る方法**です。安定して、個

図表11　法人と個人のメリットとデメリット

■法人で受けるとき

メリット	デメリット
所得分散効果と給与所得控除額の適用	法人の設立費用がかかる（約10万円程度）
個人と法人の税率の差異	赤字でも均等割の納税（最低7万円）が発生
繰越欠損金の控除期間が9年	個人の申告以外に法人の申告が必要
法人契約による保険加入により経費算入	帳簿の保存や記帳の要件が厳しくなる（税理士費用の発生）

■個人で受けるとき

メリット	デメリット
所得税還付（税務上の赤字を給与所得から差し引くことが可能）	個人と法人の税率の差異
青色申告特別控除が可能（65万円）	複式簿記で帳簿をつける手間
経費が使えるようになる	繰越欠損金の控除期間が3年
団体信用生命保険の加入ができる	購入できる金額に上限がある。 住宅ローンを組む際など影響あり

人には経費計上できるので節税対策となり、法人には安定した利益を出すことが可能です。

このように、**「個人か法人か」という判断は総合的に考えたうえで検討しなければなりません**。利用できる国の制度なども加味して、どうすればより有利な条件で不動産投資ができるのか、考えてみましょう。

Point

- **個人融資は、審査のスピードが速いが、借入金額に上限がある。法人融資は、買い増しが可能だが、審査のハードルが高い。**
- **法人では、個人より使える経費の幅が広いが、税理士費用や法人住民税というランニング費用がかかる。**

14 不動産投資における金融機関とのつきあい方

本章の最後は、金融機関とのつきあい方に関する説明です。より良い条件で融資を得るためにはパートナーやコンサルタントの協力が不可欠となります。

▼絶対に自分だけでは行かないこと

ここまでくり返し述べているとおり、不動産投資の成否には、業者とのやりとりが大きく関係してきます。関係業者との適切な連携ができていれば、それだけ成功確率も高まるのです。「**不動産投資の成功は人脈とともにある**」と言っても過言ではありません。

しかし、こと融資に関して言えば、絶対に自分だけで銀行に行かないようにしてください。なぜなら、**より良い条件を引き出すためには、銀行および支店の選び方が重要になる**からです。

たとえば、各支店には融資のノルマが設定されています。すでにノルマを達成している支店とノルマ未達の支店があった場合、融資の可能性が高いのは明らかに後者です。同じ金融機関でも、このように差があるものなのです。

そして、そういった微妙な差は、日頃から情報収集に努めている専門家しか知り得ないものです。何も考えずに銀行の支店に行ってしまい、結果として審査に落とされてしまった後ではもはや対策がとれないということもあるので、注意が必要です。

▼融資担当者の相違も考慮する

同じ金融機関でも、担当者によって融資の可否が変わることもあります。なぜ、そういったことが起こるのでしょうか。

それは、融資においては、**担当者の稟議書の書き方が要**（かなめ）であり、**担当者の経験や営業力の違いによって結果が違ってくる**からです。したがって、その金融機関で過去に融資をした案件をベースに稟議書を作れば成功率が高くなります。また、高い成功率を誇っている営業マンは、審査部からの信頼も厚く、「彼（彼女）が持ってきた案件だから大丈夫だろう」という目で審査してもらえます。この違いは大きいです。

不動産投資の経験がある人は、そのあたりの情報を入手して、より有利に融資してもらえる金融機関を見つけることができます。やはり、投資は「**情報こそが命**」なのです。とくに、はじめて金融機関とつきあう場合は、どのように立ちまわっていいのかわからないものです。

金融機関とのつきあい方について、少しずつ学んでいきましょう。人間関係が構築できれば、次の投資において大きな武器になります。

Point

・不動産投資において、金融機関とのつきあいは極めて重要。絶対に自分一人で行かずに、パートナーやコンサルタントの協力を仰ぐ。

・金融機関との人間関係を築くことができれば、その後の投資計画に大きな援軍となるのは間違いなし。

Column 4

不動産投資家には勉強好きが多い?

「投資家」と聞くと、「ラクしてたくさん儲けている」というイメージを持っている方もいるかもしれません。たしかに、実労働時間そのものは少ないかもしれませんが、投資家の中には普通のサラリーマンの何倍も勉強している方が少なくありません。

たとえば、不動産投資をしている人には、いろいろな資格を持っている人がいます。ライフプランを提案できるファイナンシャルプランナーや不動産資格の基礎である宅建(宅地建物取引士)、簿記、などです。場合によっては、不動産会社の社員よりも資格を多く持っているかもしれません。

つまり、投資家には勉強熱心な方が多いのです。確実に成功できる投資というものは存在しませんので、日々の勉強が重要になるのは言うまでもありません。今、本書をお読みの方もまた向学心が強いことは疑いようのない事実です。

不動産投資は、「購入→保有→売却」という単純な流れの中に行える施策が数多くあります。勉強すればするほど、保有する不動産の価値を上げたり、保有する不動産を増やしたりと、リスクをなるべく減らすための対策が可能です。場合によっては、海外不動産投資まで行っている強者もいます。海外不動産はリスクが高いですが、数年で価格が3倍から5倍になる国もあります。あるいは不動産投資と相性が良い太陽光投資を組み合わせて行っている人も多くいます。不動産投資以外の投資もしっかりと勉強しているのでしょう。実労働で稼ぐのとは方向性が違いますが、努力という意味では同じです。

不動産投資に取り組むことで、結果としてリスクに対する意識が高くなれば、それだけ人生を安全運転で歩んでいけるようになるはずです。投資においては、額に汗するというよりも、「脳に汗する」という感覚のほうが近いかもしれません。

第5章

実践不動産投資❸

物件の選択・購入

いい物件はどのようにして探せばいいのか

第5章では、不動産投資の5つのステップのうち、③「投資物件の選択および購入」に進みます。自分に合った投資物件を探すための方法、留意すべきポイントについて説明していきます。

▼1棟目は、売主が不動産会社の物件を探す

物件には、不動産会社が仲介として扱っている物件と、不動産会社自身が売主である物件があります。**1棟目の投資に向いているのは、後者の不動産会社が売主である物件**です。

その理由は、両者の役割と責任の違いにあります。

仲介物件の場合、仲介をする不動産会社の仕事は、売主と買主の間に入って交渉をまとめることです。たとえば、物件に不具合（雨漏り、給水ポンプの故障など）が見つかった場合、売主に直してもらうように交渉する役目です。不動産会社に直す責任はありません。売主の責任は売却後3カ月に限りますし、支払いが高額になると、支払うことができない場合もあるでしょう。

一方、売主が不動産会社の場合、売主としての責任があります。物件について不具合が見つかった場合は、修復義務を負います。しかも、責任は売却後2年間です。金融機関や他の投資家に対する信用もありますので、無下にはできません。

また、屋上防水や外壁塗装などを売主が行った上で販売しているケースもあります。自身でリフォームを行う場合、売買の融資とは別に、リフォーム費用を用立てしなければならないので手間がかかります。1棟目だと実績がまだないため、融資が使えない可能性もあります。

1棟目の不動産投資におけるパートナーとして選ぶなら、売主である不動産会社の方がリスクが少ないでしょう。

図表 12　仲介物件のイメージ

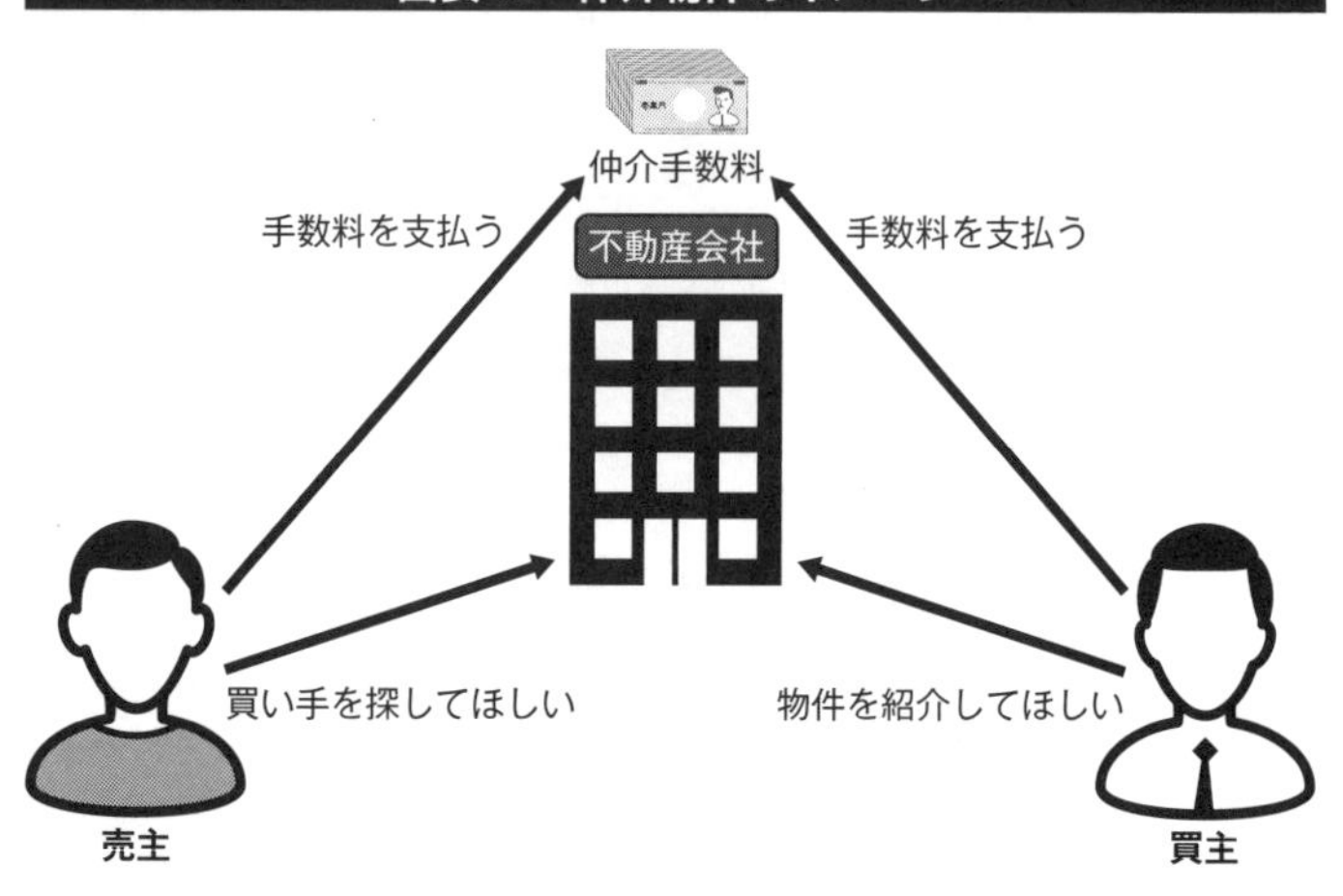

図表 13　売主物件のイメージ

▼利回りが高い仲介物件、利回りが低い売主物件

「利回りが高いのが仲介物件、低いのが売主物件」とよく言われます。しかし、仲介物件は、仲介手数料が上乗せされます。たとえば、1億円の物件があった場合、仲介手数料は、（1億円×3％＋6万円）×消費税（1.08）なので、330万円かかることになります。

表面利回りは、諸費用を計算に入れないので、仲介物件の方が利回りを高く見せることになります。修繕リスクが少ないなど売主物件のメリットもありますので、実質利回りで比較検討する必要があります。価格にもよりますが、**実質利回りで1％の差があれば仲介物件を選ぶメリットがあるでしょう**。

また、仲介物件と売主物件を比べた場合、「市場に流通している物件数の差」という問題があります。圧倒的に仲介物件の方が多いです。その分、選別する知識があると、良い物件を比較検討できるというメリットにつながります。「**1棟目で目利き力を学び、2棟目以降では仲介物件にトライする**」のも一つの方法です。

▼利回りだけで判断してはいけない

2棟目以降を仲介物件から購入する場合に考えていただきたいのは、「**自分がなぜその物件を購入できるのか**」ということです。情報の川上には必ず不動産会社がいて、仲介物件に関して一般投資家が手にできる情報は川下の方です。ですから、「それまでの間に、なぜ購入されなかったのか」を考える必要があります。たとえば、利回りが高い場合、「なぜこんなに利回りが高いのに売れていないのか」と考えるのです。

このように物件のウィークポイントに着目し、疑いの目で物件を見ることが大切です。「**不動産に掘り出し物はない**」と言われます。

ただ、投資物件の場合、「**スタンスによる違い**」というものがあります。他の人にとっては普通の物件でも、自分にとっては最良の物件という場合はあります。

それは、他人より有利な条件で融資が引けることであったり、高収入の方が税金対策として最適であるなど、様々です。

「**なぜその利回りとなっているのか**」「**なぜ価格が安くなっているのか**」。そうした要素の裏側に何があるのかを考えつつ、物件を探してみることで、徐々に目が肥えてくるでしょう。

▼不動産会社のセミナーに参加してみよう

良い業者との出会いが良い物件との出会いに直結します。

では、良い業者とはどこにいるのでしょうか？

1つは、**セミナーに参加して、自分のスタンスに合う業者を探します。**

投資のスタンスは、①色々と自分でやりたいタイプと、②お金だけ出してお任せしてしまうタイプの大きく2パターンに分かれます。金融機関の選択や個人購入と法人購入についても業者ごとに得意、不得意の違いがあります。いくつかのセミナーに参加してみると、業者ごとのスタンスがわかるはずです。自分と業者のスタンスが合っていることが重要です。

2つは、**物件から問い合わせをして個別面談をする方法**です。

物件は、価格帯やエリアでざっくり絞る程度で良いです。目的は、その物件を購入することではなく、個別面談することによって業者の優良顧客となることです。事情があってインターネットには掲載できない物件の情報や、最新の物件情報を優先して教えてもらえるようになります。

不動産に関するポータルサイトでは、物件情報とセミナー情報もたくさん掲載されていますので、参考にしてみるといいでしょう。以下のサイトはその代表例です。

・楽待（らくまち） http://www.rakumachi.jp/
・健美家（けんびや） https://www.kenbiya.com/
・不動産投資連合体 http://www.rals.co.jp/invest/

Point

- 物件には、仲介物件と売主物件がある。初心者の1棟目の投資に向いているのは、売主物件である。理由は「役割」と「責任」の違いにある。
- 一般的に仲介物件の利回りは高く、売主物件の利回りは低いが、物件選びは実質利回りで「1％以上の差」で判断すべし。

信頼できる不動産会社はこうして見極める

人の善し悪しを判断するのが難しいように、不動産会社の良し悪しの判断もまた難しいのが実情です。では、どのようにして、信頼できる不動産会社を見つければいいのでしょうか。

▼出口戦略まで提案してくれるか

判断材料のひとつとなるのが「**出口戦略の提案があるかどうか**」です。不動産投資とは、購入から保有期間、最後に売却して完結します。つまり、購入することだけでなく、「**最終的に売り抜けるまでのアドバイスをしてくれるかどうか**」「**保有期間にトラブルがあっ**

たときに親身になってくれるかどうか」をその会社で物件を購入した先輩たちから聞くことによって、不動産会社の質を判断することが可能となります。

もちろん、不動産業者も営利目的で事業を展開しているので、自社の利益を考えるのはとうぜんのことです。しかし、その結果として買い手に損をさせてしまうようでは、市場から評価されることはないでしょう。だからこそ、しっかりと出口戦略まで併せてアドバイスしてくれるかどうかが重要なのです。

▼資料関係の準備がしっかりしているか

また、**資料関係の準備がしっかりしている**という点も大事なポイントでしょう。提供される情報が正しいかどうかに加えて、判断材料として欠かせないものを資料としてしっかりと提供してくれるかどうかが大切です。

データに関して言えば、複数の業者間で見比べてみると、その違いが明らかになります。自分の会社にとって都合のいい数字だけしか提供しない会社もあれば、フェアに判断できる材料を提供してくれる会社もあるはずです。

「購入者の視点で考えてみたとき、いかに親身になって資料を提供してくれるか」。そうした観点から、業者を見比べてみましょう。

▼トラブル対応の履歴、リスクへの備えはどうか

もし、その不動産会社が売主である場合には、**トラブルへの対応**に注意を払っておいたほうが賢明でしょう。その会社の財務状況はもちろんのこと、過去にトラブルがあれば、そのときの対応事例もまた参考になるはずです。同様に、**リスクのとらえ方**についても聞いておきましょう。

ただし、会社の規模だけで判断してしまうのはお勧めできません。こと不動産投資に関していえば、投資物件を専門に扱う大手が存在しない業界であり、各社でそれぞれ強みも異なります。また、営業年数についても参考程度にしておいたほうが無難です。

不動産投資の歴史はまだ浅く、時代とともに変わっているので、あくまでも投資家目線のみで検討したほうが、間違えることは少なくなるかと思います。

▼担当者の質はどうか

いくら優良な会社だったとしても、**担当者のスキルが低かった場合、結果として投資に失敗してしまう**可能性もあります。適切なアドバイスをしてもらえないか、あるいはアドバイスが間違っていた場合に、損をこうむるのは投資家なのです。

会社が大きければ、それだけ従業員の数も多くなります。そうなると、個々人のレベル差が大きくなり、場合によってはスキルの低い担当者にあたってしまうかもしれないのです。

新聞やテレビに広告を出している企業だったとしても、それだけで優良だと判断してしまうのは早計かと思います。

▼物件はウソをつかない

どうしても判断に迷ってしまう場合には、**物件の状況を自分なりに判断し、そのうえで**

アドバイスしてもらうという方法があるでしょう。自分の判断と業者の判断をすりあわせて検討するのです。

そのとき、見当違いなことを言ってくる業者がいれば、信用できないと考えて問違いないでしょう。いくら自社が取り扱っている物件だったとしても、マイナス面を覆い隠してしまうような会社とは、つきあわないほうが無難です。

物件はウソをつきません。業者を探すうえにおいても、**自身の知識が武器となる**ことを肝に銘じておきましょう。

▼セカンドオピニオンとして、コンサルタントに判断してもらう

そのうえで、コンサルタントに判断してもらうのもひとつの方法です。つまり、**専門家からセカンドオピニオンを聞く**ということです。

世間の評判や口コミ、あるいは自身の判断が、必ずしも正しいとは限りません。何でも疑ってかかってしまうのは考えものですが、専門家から意見を仰ぐというのは、判断の精度を高めるために有効です。

有能なコンサルタントと出会えれば、不動産会社とともに、これから先の投資を成功に導くための強力なパートナーになるはずです。

▼資格の有無は参考程度に考える

その他、判断材料として、**担当者の資格の有無**もチェックしておきましょう。不動産投資に関する資格で言えば、「宅建」「税理士」「簿記」「FP（ファイナンシャルプランナー）」「公認不動産コンサルティング技能士」が代表的です。

先ほども述べたとおり、担当者ごとにスキルの違いがあるかもしれませんし、会社として利益重視のスタンスかもしれません。

資格の有無については、あくまでも参考程度に考えておくといいでしょう。そこから先のさらに細かい部分の判断については、他のチェック項目で行うしかありません。

▼自分の投資スタンスに合っているか

相続税対策なのか、それとも積極投資（アーリー・リタイア）のためなのか、はたまたすでに土地を持っているなど、状況に応じて適切な対応ができる業者を選ぶべきです。とくに強みを持っている分野であれば、ノウハウが蓄積されているはずです。そうなると、アドバイスもより的確なものをもらえると期待されます。もちろん、その前提として、**自身の投資スタイルを明確にしておくべき**なのは、言うまでもありません。

Point

- 物件選びにおいて、どのような不動産会社とつきあうかは極めて重要となる。見極め方にはいろいろある。
- 自分の投資スタンスと合っていなければ、どんなに良い不動産会社でも的確なアドバイスは期待できない。

17 〈1回戦〉都心の物件VS地方の物件

物件を選択する際の基準として、購入する場所が「都心」（※この場合、いわゆる〝一都三県〟（東京都、神奈川県、千葉県、埼玉県）の物件か、それとも「地方」の物件なのかという問題があります。それぞれのメリット・デメリットについて把握しておきましょう。

▼都心の物件のメリット、デメリット

【メリット】

都心の物件は地方の物件に比べて利回りは高くありません。その理由は、都心は人口が

多いため空室リスクが下がるからです。都心のターミナル駅と地方のローカル駅の1日の乗降者数を比較してみれば、一目瞭然です。

その一方、「金融機関の種類と数」という観点から考えると、**融資の幅が広いのも都心**です。そのため、金利の面で考えても、より有利な条件を引き出しやすいという特徴があります。

【デメリット】

都心のデメリットは、なんと言っても**地価が高い**ことです。場合によっては、個人ではとても手が出せない価格の物件もあります。東京23区内で1億円以下の物件は木造のアパートくらいしかないでしょう。

お金持ちが「現金より不動産で持っていたほうが節税になる」という理由で買う場合なら、価値が下落しづらいので向いていますが、サラリーマンが「不動産投資で節税」という場合には、減価償却が少ししか取れないので向いていないのです。

また、都心部にお住まいの人は、地政学上のリスクを考慮した分散投資になりません。巨大地震が起こった場合、住む家と投資物件の両方を心配しなければならなくなります。

▼地方の物件のメリット、デメリット

【メリット】

地方の物件は、地価が安いために、「**購入資金を抑えられる**」というメリットがあります。また、減価償却が大きいので、節税効果が高いのも、地方の特徴です。分散投資という観点から考えると、「**複数の地方に物件を購入することで、地政学上のリスクを回避できる**」という強みがあるのです。

たとえば、住まいがある関東で巨大地震が発生しても、不動産投資用の物件は無事です。そうなれば、家賃収入により、「給与収入がない」「住むところがない」というリスクをカバーし、住まいの損失部分をまかなうことも可能となります。

【デメリット】

都心に比べると、**空室リスクが高いのが地方**です。エリア選択に注意が必要で、「利便性が悪い」「駅から遠い」など人が集まりにくい場所は、今後人口減少の影響をもろに受

図表14　都心の物件 vs. 地方の物件

メリット

●空室リスクが低い
●融資の幅が広く、金利も有利

デメリット

●利回りが低い
●地価が高い
●都心居住者の場合、地政学上のリスク

メリット

●地価が安いので購入資金が抑えられる
●節税効果が高い
●地政学上のリスクを回避できる

デメリット

●空室リスクが高い
●分散投資した場合、管理の手間とコストがかかる

ける危険性があります。

また、**分散投資した場合に、実務的なやりとりが増える**のもデメリットと言えるでしょう。たとえば管理については、それぞれの地域にある管理業者に任せることになるので、それだけ手間とコストが増えます。トラブル対応なども増えます。

▼都心は「キャピタルゲイン」狙い、地方は「キャッシュフロー」狙い

以上が、都心の物件と地方の物件との違いです。ともにメリット・デメリットがありますので、最終的には、自身の投資スタイルに合わせて検討するのがベストでしょう。

あえて区分けするのであれば、**都心は「キャピタルゲイン」、地方は「キャッシュフロー」狙い**となります。つまり、都心は物件の値上がり益を狙い、地方は所有して家賃収入を得るということです。

そう考えると、都心の物件の場合、最低限、所有している間は赤字にさえならなければいいとも言えます。この先、物件価格の上昇が見込まれるなら、それまではただ保有しておけばいいのです。

一方で地方の場合、物件そのものの値上がりはあまり期待できないでしょう。そうであるのなら、堅実に利回りを計算し、家賃収入を稼ぐのが戦略的に正しくなります。

つまり、都心は「価格上昇期待」で日本市場や政策期待のギャンブル的な要素が強く、地方は日々の事業戦略で入居率向上を目指しコツコツ稼ぐという投資スタイルになります。

Point

- 不動産投資において、都心では融資を受ける金融機関、地方では将来の入居率が重要である。
- 都心は値上がり期待と節税効果、地方はキャッシュフロー、つまり収益性があるかどうかが大事である。

〈2回戦〉新築物件VS中古物件

物件を選択する基準には「新築物件か、中古物件か」という視点もあります。

▼新築のメリット（融資のハードルが低く、キャピタルゲインが狙える）

金融機関から融資を受けるにあたって、**新築物件はハードルが低い**です。新築は、中古と比較して資産価値が高く、修繕費のストレスが少ないため、審査上、有利に働きます。

耐震性能も年々向上しており、全壊リスクが低いのも特徴です。

また、耐用年数が長く残っているので、**売却時に選択できる金融機関が多い**です。その点、中古物件よりも高額で売却できる可能性があるのです。

その他にも、**長期の家賃保証ができる**ことや、リフォームが入退去時の原状回復しか必要とせず、**ランニング費用を削減できる**のも新築物件の特徴です。

▼新築のデメリット（住むにはいいが、投資対象には適さない？）

中古物件より**新築物件のほうが、価格は割高**になります。理由は、建物が新しいという要因もありますが、建設業者や売主不動産会社の利益が売買価格に影響するからです。

また、新築は購入者が決まってから入居募集をします。売主業者が家賃保証やサブリースをする場合もありますが、そうでない場合は**全室空室の状態から入居募集をする必要があります**。ローンは引渡しと同時に支払いが開始しますので、相応の費用を見ておく必要があるでしょう。

▼中古のメリット（過去の実績からリスク対策が打てる）

中古物件のいいところは、**これまでに培われた実績がある**ことです。とくに、入居者の推移がわかるというのは、投資する側の心理としても安心できるでしょう。「これから先、空室率がどのように推移していくのか」が具体的にイメージできるためです。

また、現在のオーナーに話を聞くことができれば、**投資するにあたって参考になる情報を収集できる**はずです。その点、好ましくない物件を購入してしまう危険性も軽減されることが期待されます。

入居者の層についても同様です。どのような人が住んでいるのか、あるいは入れ替わりの時期について把握できれば、**適切な戦略を構築することも可能**となります。たとえば、入居者に学生のひとり暮らしが多いのであれば、3月は卒業による退去が増えることが予想できるので、早めに募集をかけるようにするなどの対策がとれます。

▼中古のデメリット（老朽化による物件の手直しが負担）

中古物件の最大のリスクは「老朽化」になります。物件の見栄えが悪くなってしまうことに加えて、雨漏りや共用部の破損など、住環境の悪化にはオーナー自ら対応しなければなりません。

図表15　新築物件 vs. 中古物件

メリット

- 融資のハードルが低い
- 高く売却できる
- 長期の家賃保証ができる
- ランニングコストが安くすむ

デメリット

- 購入価格が高い
- 購入時に相応の費用がかかる

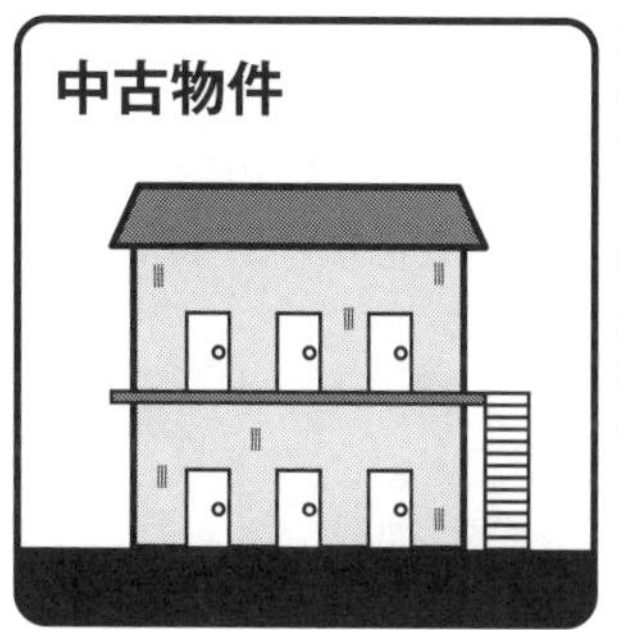

メリット

- これまでの実績から空室率や入居者の入れ替わり時期までを予想できる
- 現在のオーナーから情報を収集できる

デメリット

- 老朽化への対応が必要となり、オーナーのコストがかさむ
- 融資の審査が厳しい

また、古くなりすぎると、**融資の審査が厳しくなります**。物件によっては、融資不可能という判断を下されてしまうこともあります。いくら利回りが期待できても、売るときに売れなければどうしようもありません。

年収や自己資金、投資スタンスに合わせて選択をしましょう。ただ、最近の傾向は、中古物件のほうが人気が高いと言えるでしょう。それは、不動産投資家の心理が売却してキャピタルゲインを得るという方向性よりも、家賃収入で「キャッシュフローを増やしたい」という方向に向いているからでしょう。

Point

- **新築物件は、融資のハードルが低かったりキャピタルゲインを狙える反面、購入価格が高く、空室率の予想が難しい。**
- **中古物件は、過去の実績から空室率などのリスクを予想できる反面、老朽化による修繕費の発生が負担となる。**

〈3回戦〉1棟買いVS区分所有

投資物件を選択する基準には**「1棟買いか、区分所有か」**という視点もあります。**本書では一貫して、「1棟買い」を勧めるスタンス**をとっています。しかし、やはり区分所有の危険性について知識として持っておくことは重要かと思います。

▼実は区分でも1棟買いでも購入額はそれほど変わらない

購入価格について考えてみましょう。

「1棟まるごと買うなんて……」ハードルが高いと考えている方もいますが、地方都市のアパートであれば、東京の区分1室と同じ値段でたくさんあります。「1棟＝高い」という先入観にとらわれて、「買えない」「融資が通らない」と思い込まないことです。

重要なのは、**「目標にたどり着くためにどのような投資が最適か」**ということです。

そう考えると、同じ価格で購入できる1棟を探すのか、それとも区分1室を探すのかという違いしかありません。

▼区分の方が融資の審査においてはハードルが低い

1棟を購入する場合、金融緩和によりハードルは下がったものの依然として「年収500万円の壁」（年収が500万円に満たない場合、融資が厳しくなること）というものがあります。その点、借金をまったくしていない人であれば、住宅ローンの要領で、区分の融資を受けることは可能です。しかし、区分を購入した後に住宅を購入する際、ローンを組む予定がある方は注意が必要です。

▼区分所有は土地がつかないのが最大の欠点

まず、区分所有のもっとも好ましくない点は、「**土地がついていない**」ことです。法律的には、区分所有者にも土地の割合が与えられていますが、割合だけでは使いようがありません。それはあくまでも法律上の規定にすぎないのです。

そのため、区分所有は**銀行の評価も厳しくなります**。現実的に土地がついている1棟買いと、法的な権利しかない区分所有では、評価に差が生じるのです。

銀行が厳しく判断するということは、資産形成の面からみて、マイナスに評価されるのと同義です。つまり、**区分所有の資産を持っているだけで、信用は毀損し個人評価は下がります**。借金の額と評価の差が生まれるからです。

▼部屋数の違いによる心理的負担も考えよう

さらに、部屋数の多寡による、投資家の心理的負担についても言及しておきましょう。

端的に、保有している物件の部屋数が1と10とでは、投資家の心理は大きく変わります。もし1部屋しかなければ、住んでいる人が出て行ってしまうことによって、収入は一気にゼロになってしまいます。つまり、常にゼロか100かという状態になるわけです。

一方、部屋が10ある場合には、「空室率」という観点でリスクを考慮することができます。もちろん、常に全部埋まっていることが理想ですが、多少の空室があったとしても、収入がゼロになることはありません。焦ることなく、対策を講じることも可能でしょう。

実は、**不動産投資において「収入がゼロか、そうでないか」の違いは非常に大きい**です。なぜなら、管理費や修繕費などの費用を捻出しなければならないためです。つまり、家賃収入がゼロであるということは、投資家にとって大赤字であることを意味しているのです。

また、「1部屋であれば管理が楽」という話を聞くこともありますが、管理会社に任せれば、1棟でも区分でも負担の違いはありません。トラブルについても同様です。

▼区分所有でもファミリータイプなら勝算あり

もっとも、**希少価値が高い物件の場合なら、区分所有でも儲けることは可能**です。たと

図表16　1棟買い vs. 区分所有

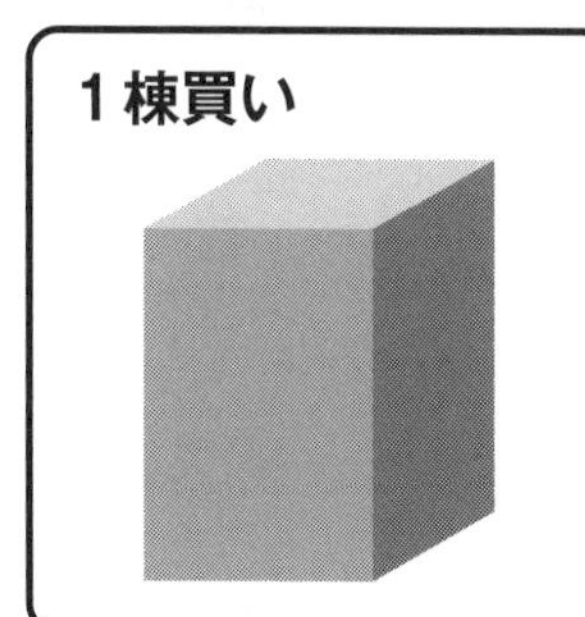

メリット

- 土地がある
- 安定した収益を見込める
- キャッシュフローを出しやすい

デメリット

- 「年収500万円の壁」がある

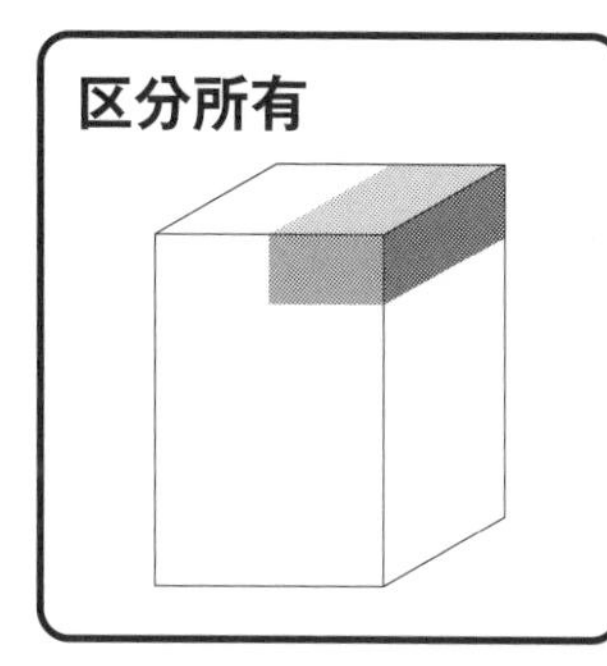

メリット

- 審査のハードルが低い
- 希少価値のある物件なら、値上がりが期待できる

デメリット

- 土地がない
- 保有しているだけで信用棄損になる
- 空室時は収支がマイナスになる
- 資産が目減りする可能性が高い

えば、都心三区（港区・千代田区・中央区）のファミリータイプのマンションであれば、向こう数年間は値上がりが期待できそうです。そういった物件であれば、区分所有でも勝算が見えてきます。実際に住む人と投資で買う人の両面で販売が可能なため、広がりがあります。

ワンルームとの大きな違いはそこにあります。長く住みたいと思う人がいるからこそ、値段が上がると予想されるのです。それがファミリータイプの特徴です。

ただし、価格が高いのが難点です。サラリーマン投資家が投資用に購入するのであれば、銀行評価は低いので、次に1棟を購入しようとした場合には足かせになります。

Point

- 区分所有には、利回りの低さやキャピタルゲインが期待できないなどのリスクもあるので、注意が必要である。
- 投資の目標設定が明確になっていれば、1棟買いでも区分所有でも投じる金額に変わりはない。その意味では1棟買いがベターである。

「良い物件」とはどのようなものなのか

最後に、良い物件の条件について考えていきましょう。確実に儲かる物件を見つけるのは難しいですが、好ましい条件をいくつか組み合わせることで、より成功しやすい物件を見つけることは可能です。

▼良い物件というのは、立場の違いにより変わる

不動産投資を始める前から潤沢な資金を持っている方と、資金が少ない方とでは、投資の戦略も目的も変わってきます。そのため、「良い物件」の価値観も違ってきます。

前者の場合、現金を不動産に変えることを目的とし、価値が目減りしないということが

重要なポイントになります。後者は、利回りが高く、資金をあまり使わずにキャッシュフローが安定して貯まるということを重要視します。

また、投資を行っている過程において、自分の立場が変化することにより、良い物件の価値観が変わることもあります。たとえば、当初は「資金を増やすこと」を目的とし、不動産投資を始めて数棟はキャッシュフローを重視して購入してきたものの、数年後に想定通り収入が上がり、今度は税金問題が浮上してきたため、今後購入する物件はキャッシュフローよりも節税効果が高く価値が目減りしない物件が欲しいというように目的が変わってきます。

大事なのは、**そのときの自分の目的を達成できるような物件を選択する**ことです。

▼1棟目で大切なのはキャッシュフロー

最初の1棟目に関して言えば、もっとも考慮すべきなのは「**キャッシュフロー**」です。これは、価値が目減りしないという理由で購入する場合にも言えることです。なぜなら、「2棟目以降の融資」において大きなアドバンテージになるからです。**2棟目以降の融資**

において、1棟目の実績は重要です。キャッシュフローが安定して、しっかりと収益があがっているということは、賃貸経営者としての手腕を評価されます。2棟目の融資のハードルが下がり、銀行の選択肢も広がり、金利面での優遇を受けやすくなります。

▼5年後に金融機関がどのように評価するかをイメージする

たとえば、「**5年後に金融機関がどのような評価をするか**」ということは大変参考になります。つまり、「**売ろうと思ったときに、どのくらいの価格で売れるのか（融資してもらえるのか）**」ということです。

その際に検討すべきなのは、購入したときの金融機関の評価ではなく、**別の金融機関の評価**です。なぜなら、購入した金融機関では、購入した際の稟議書が残っているので、評価が伸びにくいからです。場合によっては、5年後には金融機関との関係が悪化して融資をしてもらえない状況になっている可能性もあります。

だからこそ、他の金融機関の評価をチェックするべきなのです。とくに、「**いくつの銀行が融資をしてくれそうか**」ということについて調査しておくといいでしょう。より多くの金融機関が融資してくれるということは、それだけ評価が高いということなのです。

このように、銀行の評価を明らかにしておけば、キャッシュフローもリアルに想定できます。もし5年後に誰かが買った場合、ちゃんとキャッシュフローが出るようであれば、売り抜けることは難しくないはずです。複数の金融機関ごとにキャッシュフローを計算しておけば、より確実です。

物件によっては、5年後10年後に価格がつかないと予想されるものもあります。そういった物件を購入してしまうと、たとえ利回りが良かったとしても、出口戦略でつまずいてしまいます。

▼「売りたいときに売れる」ことが重要

まとめると、**良い物件の条件というのは、つまり「売りたいときに売れること」**です。想定されるゴールに向かって収益が確保でき、滞りなく売却できれば、不動産投資は成功です。都心か地方かで言えば、売りやすいのは都心ですが、それもまたケース・バイ・ケースでしょう。

たとえ地方でも、政令指定都市であれば、それなりの人口があります。ですので、空室率は低くなる可能性がありますし、市場価格から算出してもそれほど大きく価格が下ることはないはずです。

ここでもやはりポイントとなるのは、キャッシュフローです。「**いかに収益があがっているのか、この先どうなるのか**」という部分が、次の購入者および金融機関の評価軸となります。

売却時のことを考えて、いかに金融機関の評価を上げられるか。銀行の評価がそのまま物件の成績表と言えるでしょう。そして、その物件の成績表は、キャッシュフローがカギを握っていると認識しておきましょう。

Point

- **「不動産投資における良い物件とは、将来にわたり、より多くの金融機関から融資可能であること」と考えることは有効である。**
- **いつでも売却できるタイミングを作っておくことは、投資における精神的な負担を和らげてくれ、引いては投資の成功につながる。**

Column 5

不動産会社を判断するための「キラー・クエスチョン」

不動産会社の良し悪しを見極めることは、なかなか難しいのが実情です。ただ、判断材料として、絶対に聞いておくべき「キラー・クエスチョン」が存在します。

1つ目は「この物件を買ったほうがいいですか？」

2つ目は「今まで失敗された方はいますか？」

3つ目は「ご自身で物件は持っていますか？」

という質問です。

1つ目の意図は、収益に関する基本的な事項はもちろんのこと、地域の特性や出口戦略、入居者属性などについても詳しく説明してくれるかの確認です。保有から売却までのシミュレーションを厳しめにみても収益があげられるからというのも良い回答でしょう。「他にも検討している人がいる」「今は買い時で皆買っている」など抽象的なセールスで契約を急かすような営業であれば注意が必要です。

2つ目の意図は、今までの事例を引き出すことが目的です。収益不動産の売買を長くやっている会社であれば、初期に購入された方の中にはもう売却をされた方もいるでしょう。購入後のフォローがどのようになされているか、売却された方々はどれくらいの儲けや損があったかという話を聞くことは、判断材料の１つとなるでしょう。

３つ目の意図は、物件を持っていなくても「取り扱っている物件について、〝投資家目線〟で考えているかどうか」です。不動産投資は実際に物件を持ってみないとわからないことが多々あります。売買時に提供される資料はあくまで予想できる部分を記載してあるにすぎないのです。入退去が多い物件もあれば少ない物件もあります。「天災が起こるかどうかも予測がつきません。最終的には、「運」という要素も少なからずあります。そういったことを担当者は知っておく必要はあるでしょう。

まずは教えてもらう姿勢で色々と疑問をぶつけてみましょう。そのうえで、総合的に判断してみてはいかがでしょうか。

第6章

実践不動産投資❹

物件の管理・運営

物件の管理業務の全体像を把握する

本章では、「物件の管理」について説明します。

物件を保有すると、「管理」という業務が発生します。管理の仕事は大きく「**賃貸管理**」と「**建物管理**」の2種類に分けられます。

賃貸管理は、入居者の募集から契約手続き、家賃集金、滞納催促からクレーム対応、内装工事の手配といった作業になります。

一方、建物管理とは、共用部清掃や法定点検など建物を良好な状態を保つことを目的とした作業になります。

▼賃貸管理の内容

❶入居者の募集（リーシング）

入居者からの家賃収入の獲得は、不動産投資において、もっとも重要な仕事です。「**いかに多くの人々に自分の所有する物件の存在を知ってもらい、入居を決めてもらえるか**」が、不動産投資の成否を分けると言っても過言ではありません。

部屋を探しに行くとき、まず大手不動産会社を訪ねる人は多いでしょう。大手不動産会社には、入居希望者も多く来店しますが、物件情報もたくさん集まります。

オーナーが不動産会社を回って物件を紹介する際は、「募集図面」を作成して持っていきます。その際、**常にライバルの存在を意識**し、不動産会社内の資料の山に埋もれないように、**募集図面の内容は物件の魅力を十分伝えることができているかどうかが重要**です。

❷ 家賃集金

家賃集金とは、入居者から家賃を集金することです。かつては大家さんが自ら現金で回収していたものですが、現在では振込みがほとんどです。したがって、月末に各入居者が家賃の振込みをしているかどうか、口座を確認します。振込みの手数料は入居者負担になりますので、入居者の大多数が口座を持っていそうな大手の金融機関を指定すると良いでしょう。

万一、家賃滞納者がいた場合は対策を講じる必要があります。集金はデリケートな作業ですので、家賃回収だけを不動産会社に依頼することも可能です。

❸ 内装工事

内装工事をする際には、費用対効果を念頭に置いておかなければなりません。つまり、「**時間とお金をかけた分を確実に回収できるのかどうなのか**」を見極める必要があります。また、**リフォームが適正な価格で行われているかどうか**、確認する必要があります。

たとえば、家賃が安くて大きな投資に向いていない物件の場合、内装工事の費用をあまり多くかける必要はありません。最低限の現状回復をして、ちょっとした家具を追加するほうが効果があります。

また、家賃が高く、入居者の属性がある程度見込まれるファミリー向けの物件などは、内装が陳腐だと入居募集に影響が出る可能性があります。その際は、ある程度の費用をかけて、リフォームをしっかり行いましょう。

その土地その物件に応じた最適な施策を講じるために、しっかりとコスト計算をして、建設的な判断をするようにしましょう。また、工事費用は経費扱いになるので、収支が黒字で利益が多いときにリフォームをすることで節税対策として有効です。

▼建物管理の内容

❶清掃

大きな物件ともなると、共用部の清掃だけでもかなりの手間がかかります。しかし、共用部が汚れていると、入居者の住み心地にも影響してしまいます。また、入居希望者は、**「ポスト・自転車置き場・ゴミ集積所が整頓されているかどうか」**に注目して物件を見ています。最近では、シルバー人材派遣に定期清掃を依頼することも可能です。定期的に清掃を実施し、月に1回以上は、写真でも良いので現状を確認し、物件の魅力を保ち続けるようにしましょう。

自宅の近所に物件がある場合、オーナーが自ら清掃するという選択肢もありますが、その目的が「コストを抑えたい」ことのみであればお勧めしません。

清掃費は経費になりますし、オーナーの物件への思い入れが強くなってしまい、売却時期の判断を読み間違えてしまう危険性があるからです。

❷ トラブル対応

物件には、経年とともにトラブルがつきものです。水漏れや破損、設備関係の故障などが主な協議項目です。トラブルが発生した場合は、まず火災保険で対応ができないかを考え、加入している保険会社に相談することが大事です。その際、①トラブルが起こった現場の写真を撮っておく（証拠集め）こと、②なるべく早く保険会社に相談することが重要です。

経年劣化と雨漏りについては保険の対象外となるので、補修実費が必要となる場合にはオーナー負担となります。そのような場合に備えて、手残った家賃は使わずに貯金しておくことが大切です。

管理会社にお願いする場合は、最初に取り決めで「〇〇万円以下の修理で、急を要する場合はオーナーの許可不要」などとし、事後報告でも可とするケースが多いです。

❸ガスや電気などのインフラ整備

ガスについては、都市ガスとプロパンガス（LPG）の2種類があります。

まず、都市ガスのメリットとしては、**一般的に料金が安く、入居者に好まれます**。ですから、自分の所有する物件が都市ガスの場合は、募集広告にしっかりとPRして優位性を謳(うた)いましょう。一方、**都市ガスのデメリットとしては、給湯器などの設備が買い取り**となります。給湯器は消耗品なので15年くらいで故障します。その際、1台につき6万円～10万円の費用がかかります。戸数の多い物件は、故障の時期が重なると高額の出費となるので注意が必要です。

プロパンガスの場合、給湯器などの設備はリースなので、故障などがあった場合には、プロパンガス会社が直してくれます。また、プロパンガス会社は地域に複数社あるので競争意識があります。そのため、**複数社と交渉する**ことでエアコンをつけてくれたり、テレビモニターを設置してくれたりなど、手厚いサービスを提供してくれる場合もあります。

電気については、これまでは共用部の電球をＬＥＤにすることで費用を抑える程度しか対策がありませんでした。しかし、２０１６年４月から**電力自由化が始まり、発電会社の選択が可能となりました**。ガス会社のように、複数の発電会社を比較して、サービスやプランなどを選択することでメリットが出てくることが期待されます。

❹ 法定点検

法定点検とは、建築基準法や消防法などにより共同住宅に義務づけられている点検・検査のことです。**この検査を実施できるのは有資格者のみ**とされています。

物件の階数や延べ床面積によって、必要な検査内容が異なるので、必ず不動産会社に確認しておきましょう。また、検査結果については、管轄の市区町村や消防署などの各機関に報告されます。それぞれ費用がかかりますので、投資のシミュレーション時の段階で想定しておくことが大切です。

以下、代表的な法定点検について、例を挙げておきます。

- 消防設備点検（機器点検は年2回、総合点検は年1回）
- 貯水槽点検（年1回）
- エレベーター保守点検（年1回）
- ※建築設備点検（年1回）
- ※特殊建築物定期検査（3年に1回）

※報告義務の有無は、物件の規模や地域によって違う（例　東京都は5階以上、床面積1000平米以上）

Point

- 物件を所有するとオーナーには管理業務が発生する。管理業務は「賃貸管理」と「建物管理」の2つに大別される。
- 「賃貸管理」は主に入居者の募集や家賃の集金、「建物管理」は主に物件の清掃や補修、法定点検に関わるものである。

管理委託するか自主管理かの選択はどう行うか

前項では、２種類の管理の仕事について説明しました。「面倒だな」と思った方、ご安心ください。不動産オーナーには、これらを自分で行う（自主管理）か、管理会社を利用する（管理委託）か、いずれかの選択肢があります。

▼自主管理は可能だが、オーナーには負担となる

自主管理の場合、オーナー自身が物件管理の一切を行い、入居者募集だけを不動産会社に依頼します。入居者募集を１社だけでなく複数の不動産会社に依頼するので、多くの斡旋・案件を望む人には良いでしょう。

しかし、不動産会社側からすると、「自社だけでなく、色々な会社に募集依頼しているオーナー」というマイナスの印象を与えかねないので、コミュニケーションに注意が必要です。また、様々なトラブルに対して親身になって対応してくれる不動産会社がいないため、**不動産オーナーとして管理に関する知識を持つことが求められます**。

一方、管理会社に委託する場合、すべての業務を管理会社に任せることが可能です。入居者との契約に関わるお金の流れから、月々の家賃の管理・退去時の敷金精算、家賃滞納時の対応まで、広範にわたる業務を総合的に委託することができます。

オーナーの作業は、月に1回、管理会社からの入金を確認するだけです。

しかし、管理会社を利用する場合には費用がかかります。地域によって異なりますが、相場としては、**賃料収入のおよそ3～7%（税別）**です。

ただ、費用を負担しても、管理会社に任せたほうが良い理由はたくさんあります。管理に関わる時間や労力、心労を考えると、パートナーとしてオーナーに寄り添ってくれる管理会社は必要でしょう。

トラブルはいつ何時、起こるか予想できません。トラブルの度に対応していたら、体がいくつあっても足りないでしょう。

本書が想定している不動産投資オーナーは、サラリーマン、つまり、本業を持っている方々です。会社の休日である土日を使って自主管理しようとしても、結果的に自分の自由な時間が削られるだけです。

また、中長期的な視点で不動産投資を考えていて、将来は2棟3棟所有したいという方もいることでしょう。そうなったとき、とてもオーナー一人で管理できるものではありません。管理会社とのつき合いに慣れていなければ、対応に苦慮することにもなり兼ねません。**あくまでも、投資の成功を第一に考えて、最適な手法を選択したいものです。**

▼管理会社から得られる情報は貴重である

管理会社が持っている情報は、オーナーにとって有利に働くものも少なくありません。たとえば、他の物件に関する情報なども、管理会社から聞けることもあるのです。ちょっとした会話からでも、勉強になることはたくさんあります。

投資は情報戦である以上、業者だからこそ得られる情報をしっかり収集しておくことが大切です。**自主管理の腕を磨くよりも、情報網を整備していくほうが、投資においてはプ**

ラスに働きます。

最初の1棟で培われた知識やスキル、ノウハウなどは、その後の投資に大きな影響を与えます。つまり、いかに1棟目で成功体験を得られるかが、生涯資産を決めるカギとなると言ってもいいでしょう。わずかな出費を惜しんで、将来の富を失わないようにしたいものです。「**与えよ、されば与えられん**」の精神が大切です。

▼管理会社の変更は慎重に行う

中古不動産を購入した場合、管理を元々の管理会社に引き続きお願いするのが一般的です。ただ、元々が自主管理だった場合、あるいは入居率が著しく悪かったり、管理費用が高いなど改善が必要な場合は管理会社を変更します。前のオーナーとの契約で、管理会社の変更には、3カ月前告知で、変えると宣言してから3カ月かかるケースも少なくありません。管理委託契約書を契約前にチェックすることが重要です。

人口100万人以上の都市であれば、管理会社は無数にあります。一方で、小さな街になると、数社程度しかないということがあるのです。

自身が購入したエリアには、どれくらいの数の管理会社があるのか事前に確認しておくことが必要でしょう。

オーナーからの細かい要望を聞いてくれるかどうかについては、管理会社によって差があります。ただ、基本的な業務内容が大きく変わるということはありません。

一方で、賃貸管理のノウハウが弱い業者となると、空室率や家賃の滞納率が上がってしまう可能性があります。家賃収入や空室の有無は、不動産投資の成否に大きく影響してくるだけに、**管理会社の実力をしっかりとチェックしておく**ことが大切です。

▼管理会社の選択次第で投資全体の成否も変わる

ただし、管理会社によって、サービスの質が異なる点には注意が必要です。「物件の管理なんてどこも同じだろう」と考えていると、思わぬ収益悪化につながりかねません。

たとえば、管理会社を変えた途端、空室率が上がったというケースも実際にあります。ちょっと信じがたいことですが、それだけ管理会社の働きが違うということなのです。ですから、「管理委託料が安いから」という理由で管理会社を選ぶと失敗します。管理委託料は、共用部の清掃費が含まれているかどうか、家賃の滞納保証の有無によっても変わってきます。

いずれにしても、「**投資にリスクはつきもの**」と考え、無理なコスト削減をしようと思わないことです。**管理会社の質によって、不動産投資全体の成否も影響を受けます。**

Point

- **物件の管理は「委託管理」と「自主管理」の2つの方法がある。自主管理は可能だが、管理会社からの情報収集などの意味で委託管理が望ましい。**
- **委託管理でやる場合も、管理会社によってノウハウや質も大きく異なり、結果的に不動産投資全体の成否にも関わってくる。**

管理会社の選択はどのようにして行うか

管理会社の選択次第で不動産投資全体の成否も変わってくるということを前項で説明しました。本項で適切な管理会社の選び方について説明します。

▼賃貸客付けのしくみ

いわゆる不動産会社には、2種類の業務形態があります。それは**管理会社**と**仲介会社**です。

管理会社とは、貸主(オーナー)から直接依頼されて、物件を管理している不動産会社のことです。一方、仲介会社とは、文字通り貸主と借主の仲介を行う会社です。入居希望

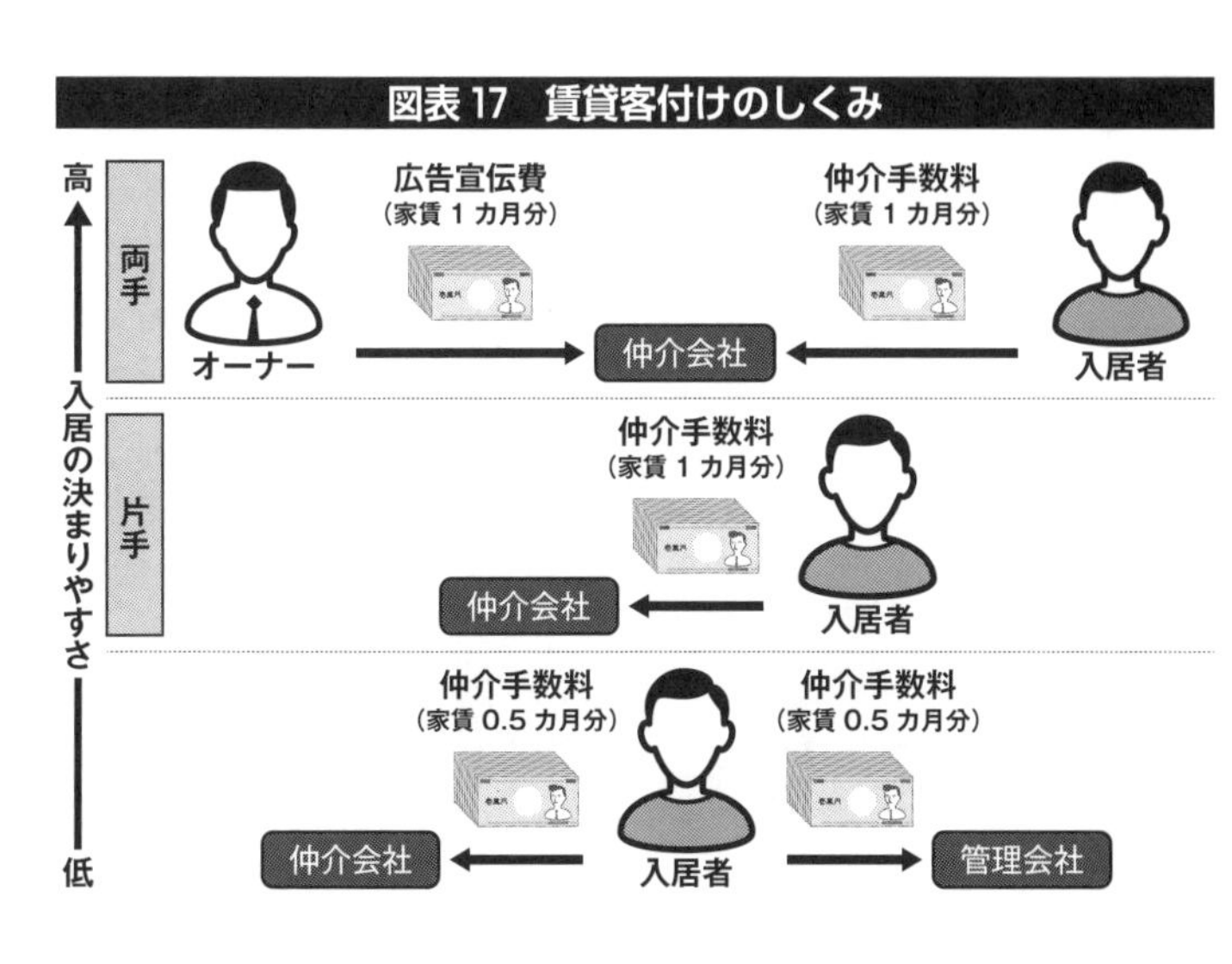

者の条件に見合った物件を探し出し、契約の際は入居者の代わりにオーナーと交渉します。

では、報酬はどのようになっているでしょうか。

仲介手数料は成功報酬で、**上限が「家賃1カ月分」**と宅建業法で定められています。

管理をお願いすると、全国に物件の情報を発信します。その情報を見た仲介会社（大手のことが多い）は自分の顧客にその物件を紹介し、気に入れば契約です。入居者が仲介会社に家賃の1カ月分を払います。仲介手数料を、仲介会社が50％・管理会社が50％と分ける場合もあります。報酬については、募集図面に明記しておきます。

家賃が安いエリアの場合、家賃の0・5カ

月分では客付けをしてもらえない場合が出てくるので、オーナーは、「**広告宣伝費**」という名目で追加報酬を支払う場合が出てきます。

オーナーが負担する広告料の相場は全国でまちまちです。関東でも広告料がほとんどないエリアもあれば、地方都市では2カ月や3カ月というところもあります。

仲介会社には、連日のようの大量の空室情報が流れてきます。オーナーから広告料を1カ月、入居者から1カ月仲介料をもらうことを「**両手**」と言い、入居者からしかもらえないことを「**片手**」と言います。両手の場合、仲介会社の利益は2倍になり、やる気につながりますので、物件の入居は決まりやすくなります。

▼大手管理会社か、地域密着型管理会社か、の選択

管理業者の中には、仲介部署を持つ会社と持たない会社があります。

大手管理会社は強い仲介部署を持っていますが、地域密着型の管理会社は仲介部署を持たない場合もあります。それぞれのメリット・デメリットを把握してうまくつきあうようにしましょう。

図表18　大手管理会社の客付け

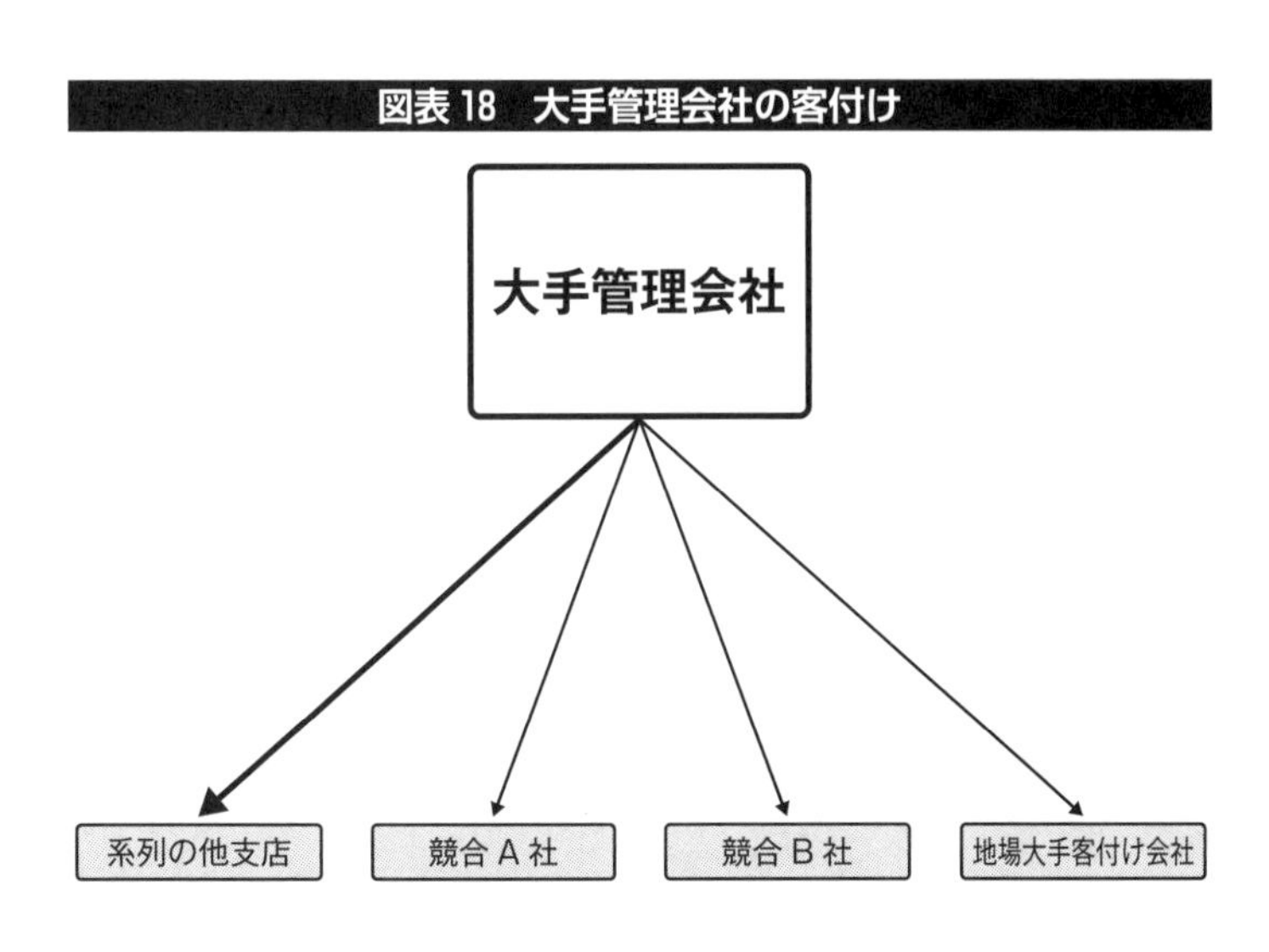

❶安定の大手管理会社

管理会社は規模の小さい会社よりも大きい会社のほうがいい。そのように考える方も多いです。大手の管理会社のメリットとしては、**トラブルが発生した際の管理責任能力について強く**、広告にお金をかけている分、**自社での客付け能力が強い**といったことが挙げられます。

しかし、大手は従業員と店舗が多いため、**異動やエリア変更による担当者変更が頻繁に起こります**。その際、引継ぎが上手くいかなかったり、情報の伝達がなされていないなど、オーナーがストレスを抱えることもあります。

また、**自社で建築を行っている会社は、物件により入居促進の優先順位をつけられる場**

合があります。大手は客付け能力が優れているという自信から、他の仲介業者に客付けを依頼しない、もしくは情報の配布が弱いということもあるようです。

❷ 地域密着型の管理会社

入居状況を改善させる必要がある場合や、大きな変化を物件にもたらしたい場合、私は大手ではなく、地域密着型の管理会社を選びます。

地域密着型の管理会社の客付け能力を把握したい際は、**管理戸数の推移と入居率の推移、社員数の増減**で判断します。伸びている管理会社が強いのは、大手の仲介客付け会社をうまく使っているからです。大手を複数社巻き込みながら結果的に一番有効な物件情報を流すことができます。しかし、不動産会社は他社の物件より、まず自社の管理物件を優先します。そのため、入居者が決まりやすい家賃や広告費にする必要があり、コストがかかる場合があります。

地場の、それも小さな管理会社に関する情報については、いわゆる「大家の会」などで収集するのも一つの方法です。地域ごとに「大家の会」はあるので、購入を検討する地域で探してみるといいでしょう。

図表19　地域密着型管理会社の客付け

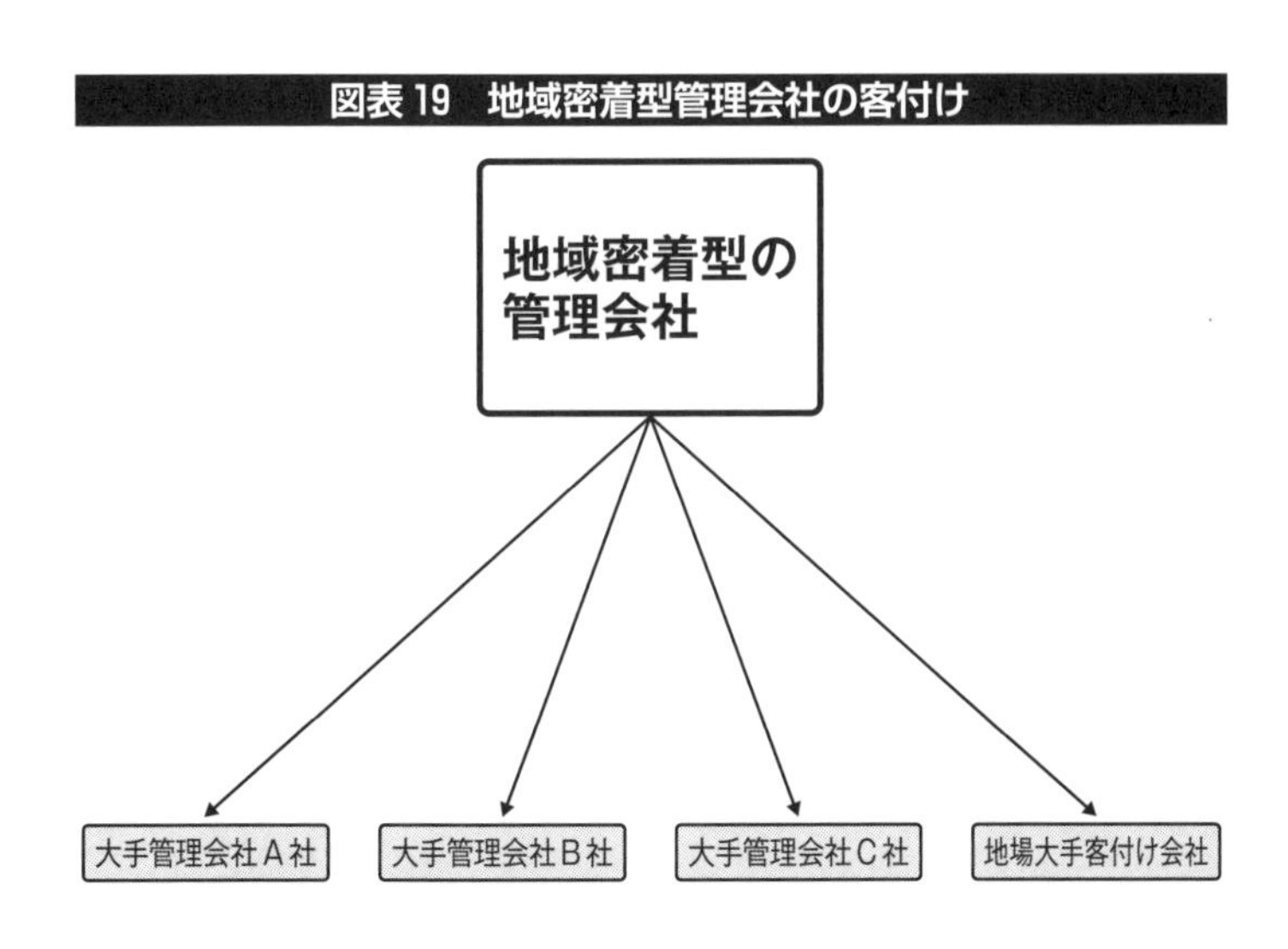

オーナーが管理会社を頻繁に変えることは、入居者にとっても不安を感じることがあり、良くありません。変える場合は、一度で成功するよう下調べをしっかりする必要があります。

▼管理会社を見極める5つのポイント

管理会社選びで重視すべき点は、管理会社の提案力と知識です。管理会社もしくは担当者の能力を見極めるポイントをご紹介します。

❶募集家賃の設定

募集家賃の決定権を持っているのは、オーナーです。インターネットで、エリアや広さで絞り、保有物件近くの募集している家賃を調べます。

しかし、家賃相場は時期や室内のリフォーム状況、地域の特殊性や希少性など様々な要因があるので、判断できない部分があります。そのため、**管理会社の家賃提案が重要**となります。家賃が相場より安ければ、入居率は上がりますが、収入は下がります。逆に家賃が高いと、空室の期間が長くなり、全体の収入を圧迫します。

今までの客付け経験と地域性を熟知した根拠ある家賃提案ができる管理会社は、優秀である可能性が高いでしょう。

❷ 募集広告の作成力

家賃が決まると、募集広告を管理会社が作成します。間取り・写真・家賃・設備・PRポイントなどを記載します。入居希望者が室内を見る場合の案内図として使用します。

入居希望者は、依頼している管理会社以外の不動産会社にも行くことがありますので、不動産会社にも募集広告を配布します。入居希望者を多く持っている不動産会社には、様々な管理会社より募集広告は大量に集まってきます。他と競合することを想定し、**他社の募集広告と比べて営業マンに「決めやすい！」と思ってもらえる情報が載っているかが**

重要です。

具体的には、リフォームをしていればリフォーム後の写真の掲載、入居希望者から欲しがる情報が記載されたPRポイント、広告料や家賃が最新情報になっているかが挙げられます。

作成する人のセンスも重要です。**オーナーが図面を見て「良い」と感じるかどうか**が重要です。

❸募集に関する提案力

オーナーは、1部屋でも空室があると気持ちが落ち着かないものです。「また退去申込が出たらどうするか」「今の空いている部屋はいつになったら埋まるのか」と心配事はつきません。

そんなとき、**こまめに連絡をくれて**、様々な提案をしてくれる管理会社は頼れる味方になります。管理会社が「**やるべきことをすべてやった上で埋まらないのかどうか**」を確認する必要があります。

「家賃を下げる」のは最終手段です。その前に、エントランスをリフォームしたり、絵を飾ったり、植栽を置いたり、ポストを新調したりと、様々な対応策があります。募集に関する提案力が、管理会社の力量になります。

私が様々な管理会社にヒアリングをした、実際に効果のあった募集提案を後述しますので、ぜひご参考にしてください。

❹ 保険の知識

オーナーになると、火災保険と任意の施設賠償保険に加入します。「火災保険」というと、火事や浸水などよほどの大事が起こらないと使わないイメージがあるのではないでしょうか？　そんなことはありません。経年劣化に関しては保険対応外ですが、その他のことに関しては相談してみる価値があります。

物件を保有していると、人為的なミスや建物の不具合などにより、水漏れや窓ガラスの破損などが起こることがあります。その際、何もせずにオーナーに実損額を請求するのか、保険で賄える部分がないかどうかを検討するかの違いは大きいです。

保険請求額が多い管理会社は、保険会社側からの評価が下がる場合があります。管理会社側としては、あまり保険請求をしない方が会社として得なのですが、**オーナーのために**

請求してくれる管理会社は、オーナー側に立った良い管理会社ということになります。それだけに、会社のスタンスがわかる重要なポイントとなります。

❺法律の知識

どういうときに、法律の知識が必要となるのでしょうか。平時はあまり必要としませんが、トラブルが起こったときの対処方法として重要となります。基本、法律はオーナーよりも、入居者に対して有利に働きます。しかし、入居者の言い分ばかり受け入れるわけにはいきません。

【ケース1　滞納対策】

滞納者が出た場合、まずは電話で催促をし、現地に足を運んで会うことを試みます。それで解決すれば良いですが、連絡がとれない場合は問題が大きくなります。

内容証明を作成し、郵送します。それでも、反応がない場合は、最終的に「催促手続」に移ります。**鍵を交換して部屋に入れないようにする強硬策はNGです**。逆に入居者から訴えられる危険性があります。

理不尽な理論を振りかざす悪質な滞納者に対して、法律の知識が上回っていることが管理会社に求められます。

【ケース2　夜逃げ】

本来であれば、夜逃げした人の家具を処分して新しい入居者を募りたいところです。しかし、鍵を持っているからと言ってすぐに部屋に入ってはいけません。**賃貸借契約書の解除をどうするか、住居侵入罪にならないかを、法に則って対応しなければなりません。残置物についても、器物損壊罪になりますので安易に処分できません。**

裁判や強制執行するには、6カ月以上の期間と費用がかかります。

面倒なので管理会社は後回しにしがちですが、迅速に対応することが求められます。

▼管理会社が提案する募集対策の例

以下、様々な管理会社が提案してくれた「募集対策」の一例をご紹介します。

❶様々なキャンペーン

〈フリーレントを付ける〉

フリーレントとは家賃の「**無料期間**」をつけることです。入居してから1カ月は家賃無料という形で、入居者の初期費用を軽減します。募集家賃はそのままなので、客付業者に「2年間の契約で割り戻すと得である」とうまく説明してもらう必要があります。

〈00キャンペーン〉

普段、敷金と礼金を1カ月や2カ月取っているのなら、ゼロにして、入居者の初期負担を軽減します。初期費用は賃料の3~5カ月分かかると言われます。その負担を少しでも軽減することで、他の物件と差別化を図ります。注意点として、敷金は家賃滞納や退去時にかかる補修費の保険でもあります。ゼロゼロにする場合は、入居審査は普段より厳しく行う必要があります。

〈友達紹介キャンペーン〉

不動産会社や管理会社などにお願いをして既成約者や管理をしている物件の入居者に友達の紹介を依頼します。入居者には1カ月家賃無料、紹介者には仲介手数料など、両方にメリットを作ることで紹介してもらいやすくなります。

〈カスタマイズ賃貸キャンペーン〉

内装を自由にＤＩＹ・カスタマイズできるというキャンペーンです。自分が暮らす空間を自分の好みに合わせて作りあげ、居心地のいい住まいを楽しむことが可能です。ライフスタイルに合ったお部屋を探すという若者の入居が期待できます。

これからもニーズに合わせた新しいキャンペーンが生まれてくるでしょう。**管理物件と入居者属性を考慮し、効果的なキャンペーンをオーナーに提案するという能力は今後管理会社に求められるでしょう。**

❷ 家具家電の設置

家具家電を設置し、モデルルームを作ることで入居した際のイメージ作りが明確になります。また、イメージを良くするためのポイントがあります。女性目線で、家具を設置することです。**女性の印象が良い部屋は、結果的に男女ともに住みたいと思ってもらえる**部屋になります。

集客力というよりは、**ライバル物件との差別化**に有効です。募集の際の成約率向上に効果があります。

家具家電付賃貸で募集する場合は、家賃に上乗せすることも可能です。月額の家賃に上乗せする金額は、「**設置した家具家電の代金÷48**」で算出します。また、家具だけでなく駅から遠い物件などであれば、自転車をプレゼントするなど、その物件の特性と入居者属性に合ったプレゼントは効果があるでしょう。

❸インターネット回線の整備

付加価値として、「**無料でインターネットが使い放題**」と宣伝をします。

若い入居者を中心に、インターネットが無料で使えるということが、住まいを選択する際のポイントとなっています。

インターネット回線の料金はオーナーの負担となります。お金がかかることですので、入居属性や近隣のライバル物件の動向を踏まえ、導入するか判断する必要があります。

回線速度なども日々進化しています。競争に勝つため、できるかぎりの戦略を講じておきましょう。

❹ 不動産会社に営業をする

客付け仲介会社に紹介してもらって決めるスタイルであれば、どれだけ積極的に入居希望者に紹介してもらえるのかが重要となってきます。

手間がかからないのは、紹介するインセンティブとして広告料（AD）をつけて積極的に紹介してもらえるように募集条件を変更します。

手間をかける方法としては、**エリアの客付け仲介会社を管理会社と一緒にオーナー自ら周り、担当者とコミュニケーションを取って優先的に紹介してもらえるような関係性を作る**ことという方法もあります。

❺ 家賃設定・家賃の下げ方

空室を埋めるための施策として「賃料を下げる」ことは非常に大きな効果があります。

1年以上空室になっている部屋も「賃料を○○円下げたら1カ月も経たずに成約した」ということもよくある話です。

ただ、同じ家賃を下げるでも工夫をすることが大事です。それは価格の区切りを意識することです。たとえば、3部屋空いており、各部屋の家賃が5万2000円だったとします。家賃を下げる場合、1部屋だけ4万9000円の部屋を用意しておきます。なぜかと言うと、インターネットで検索して物件を探す人というのは、「5万円以下」などの条件を設定していることが多いためです。

そして、残りの2部屋（募集家賃5万2000円）には家具などを設置しておきます。狙いは、4万9000円の部屋で内覧の入居希望者を呼び込み、実際は5万2000円の部屋で決めてもらうのです。

最近は、インターネットで物件を探す人がほとんどなので、そうした価格の区分についても敏感になっておくといいでしょう。

賃料を下げるのは、物件の収益性が下がることを意味します。**下げるにしても、効果的に行う**ことが大事になります。

▼敷金礼金について

敷金は保証金として支払うもので退去時に返還されるべきもの、礼金はオーナーに対する感謝の気持ちとして支払うので退去しても返還されないものとされています。

この敷金の扱いには注意が必要です。

通常の経年劣化や損耗はオーナーの負担で、入居者の責任（故意・過失や通常の使用方法に反するなど）によって生じた傷や損耗は入居者の負担となります。つまり「**原状回復やハウスクリーニングについて、敷金を活用することは認められない**」ということです。

そうなると、敷金は基本的に返却しなければならなくなります。礼金はオーナーの収入になるとしても、敷金を返済しなければならないとなれば、退去時には費用がかかると考えておく必要があります。

▼入退去時のコストを把握する

入居者が入退去する際には、お金がかかるものです。クリーニング費用やリフォームの代金を新しい入居者に負担してもらうことはできません。

対策としては、**あらかじめ入退去の頻度を把握して、シミュレーションしておく**ことです。用意しておくべき金額が明らかになり、慌てて家賃の金額を算出することもなくなります。

「満室を維持する」ことは収益をあげる上で大事な要素の一つです。そのためには、「**住み心地が良い**」と思ってもらうことが重要です。共用部をキレイに保つ、ごみ置き場や自転車置場などの整理整頓といった基本的なことから、退去の際にその理由を聞き、今後の改善に活かすなどに取り組むと効果があげられます。

Point

- **管理会社は、自社付けが強い大手と複数社の大手に依頼をかける地域密着型に大別されるが、客付け能力とコストの両面で判断する必要がある。**
- **管理会社の見極めで重要となるのは、入居者募集時などの提案力やトラブル発生時の対応力である。**

Column 6

独居老人増加による〝事故〟への備え

高齢化の進展にともない、問題となっているのが入居者の「孤独死」です。

たしかに、高齢者のひとり暮らしは増えています。内閣府が発表している『高齢社会白書』（平成26年版）によると、子どもと同居している65歳以上の高齢者の割合は、１９８０年にほぼ7割、１９９９年に5割弱、２０１２年には４割ほどと年々減っています。その結果、ひとり暮らしをしている高齢者は、１９８０年には男性約19万人、女性約69万人だったのが、２０１０年には男性約１３９万人、女性約３４１万人にまで増加しています。

不動産投資をしている方のなかには、孤独死の他に、自殺や犯罪死が物件で発生することに不安を感じている方もいると思います。

室内でそういったトラブルがあった場合、入居者に告知する義務が発生し、家賃の下落は免れません。以前は、トラブルのあった部屋は通常家賃の50％くらいで貸すケースもありました。しかし、最近は「安く住めるならトラブルは気にしない」

入居者と「なんとか入居を決めたい」というオーナーをマッチングさせる「事故物件」を専門に扱うサイトも登場しました。

結果、トラブルの内容にもよりますが、現在は通常家賃の80％くらいで貸せるケースも増えているようです。

それでも不安な方は保険への加入で対応も可能です。「賃貸住宅の戸室内で孤独死や自殺、犯罪死が発生した場合に、部屋を元通りにする原状回復費用として1事故最大100万円が支払われるほか、事故後に空室や家賃の値引きになった場合に、最長12カ月間、1事故最大200万円まで補償される」という商品が出てきています。

今後、管理会社に対策ノウハウが蓄積されていくにつれて、適切に対応できるようになるでしょう。

第7章

実践不動産投資❺
物件の売却

出口戦略の基本

本章では、不動産投資の5つのステップの最後、「**出口戦略**」について解説していきます。出口戦略とは、具体的なゴールをイメージして、売却までの道筋を整えることを意味しています。

▼購入時点で売却時をイメージしておく

目標設定の項において、「**不動産投資をはじめる段階で、ゴールについても考えておくべきだ**」と述べました。そのゴールに到達しそうなとき、実際にどのようなことをやるべきかが、出口戦略の実践となります。

具体的には、購入する際に「**何年後に売却し**」「**そのときの想定価格はこのくらいで**」「**次の投資をどうするか**」などを考えておくことを言います。そのうえで、投資を進めていきます。より細かく定めるのであれば、将来の金融機関の評価額や、購入する人の年収までも想定しておくといいでしょう。

このように、**物件を売り抜けるシーンまでイメージしておけば、予期せぬリスクにも対応しやすくなります**。ただ闇雲に挑戦し、流されるように実践するのとでは、得られるものも大きく異なるのです。スキルやノウハウの蓄積についても、大きな差が生じます。

とくに、**不動産投資は継続が大切**です。1棟だけにとどまることなく、2棟3棟と購入する場合には、1棟目で得られた経験こそ、後の財産となるのです。売り抜けた成功体験は、そのまま次の不動産投資にも活かせます。**より大きく稼ぎたいのであれば、すべての経験をムダにしないことです**。

▼すべてはシミュレーション

出口戦略の基本はシミュレーションです。金利、物件価格、市況など、未来のことは誰にもわかりません。だからこそ、さまざまな事態を想定して、シミュレーションすることが大切なのです。

家賃が下がった、金利が上がった、市況が悪くなった……。そうした事態になってしまっても、あらかじめ想定しておけば、慌てる必要はありません。むしろ、**最悪の事態をシミュレーションしておくことで、適切な対応ができるようになる**のです。

特筆すべきなのは、心理的負担が減ることです。常に先回りしておき、もしもの備えをしておけば、いざというときに冷静に対応できます。簡単な計算式で数値を算出しておくだけでも、気持ちの面で余裕が持てるようになります。

「数字が苦手だから」と計算を避けていては、不動産投資を成功させることは難しいです。**まずは、簡単な出口戦略から考えて、逆算するクセを身につけておきましょう**。常に数字を意識するようになれば、普段の生活においても、より戦略的になれると思います。

▼想定は外れるもの

よく検討し、あらゆるリスク対策をして、万全の備えをしておいても、想定は外れるものです。そうした**リスクがあるからこそ、投資は成功するだけでなく、失敗することもあるのです**。もしリスクがまったくないとしたら、誰もが投資に取り組むことになり、結果として利益はあがりません。

出口戦略を設定しておく意義は、まさにそこにあります。その都度、問題が発生してから対応するのではなく、**常に先を見ておく**。それでも想定が外れた場合に、**柔軟に動ける**。そのような柔軟さは、まさに、出口戦略によってもたらされます。

リスクがあるから取り組まないのではなく、リスクがあるから出口を想定しておく。そして、想定は外れるものだから、新しい施策を常に講じられるように準備しておく。そうやって、成功確率を高めていければ、不動産投資がより楽しく感じられるはずです。

何ごともそうですが、楽しんで取り組むのと、事務的に取り組むのとでは、得られる成果が変わります。日本人はお金に対してあまり良い印象を持っていないように感じますが、自分のお金なら話は別でしょう。せっかくの投資です。**想定が外れることも含めて、楽しみながら取り組んでください**。

▼「持ち切り」は難度の高い選択

私設年金代わり、あるいは相続税対策を考慮するのであれば、現金で残すよりも不動産で持っていたほうがたしかに有効です。しかし、**持ち切りに適している物件とそうではない物件があります**。ここで2つ例を挙げます。

・物件A　都心部　木造　土地150平米　建物200平米　土地7000万円　建物1000万円　総戸数6戸の物件
・物件B　地方都市　RC造　土地500平米　建物1500平米　土地1500万円　建物7000万円　総戸数25戸の物件

ポイントは、**建物の構造**と、**土地と建物の価値**にあります。

物件Aでは、持ち切りという戦略は「あり」です。どんなに建物が古くなっても土地の価値が残りますし、場所が良いならば建て直しをするという選択肢も考えられるでしょう。

図表20 「持ち切り」の選択

物件A	物件B
（都心部、木造、総戸数：6戸）	（地方都市、RC造、総戸数：25戸）
	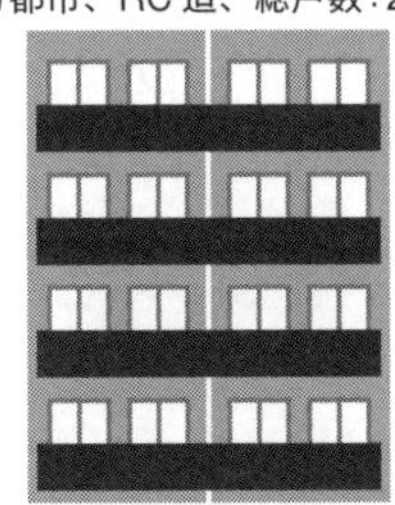
土地：150㎡、7000万円 建物：200㎡、1000万円	土地：500㎡、1500万円 建物：1500㎡、7000万円
↓ 持ち切り「あり」	↓ 持ち切り「なし」

都心部なので、20年後も人口減による影響は少ないと考えます。

物件Bでは、持ち切りは「なし」です。法定耐用年数がある程度残っている時期に売り抜ける方が正解です。建て直し想定をすると、以下のようになります。

解体費用＋立ち退き費用＋建築費〈建物の延床面積1500平米×20万3800円〈標準建築単価〉〉

建築費だけでもざっと見て3億円と膨大な金額になります。加えて、融資が可能なのか、新築マンションの賃貸需要があるかどうか、不明です。

「持ち切り」は非常に難しい戦略です。なぜなら、目先の5年ではなく、20年先30年先を予測する作業になるからです。

5年間隔で売り抜ける想定をし、今だと利益がいくらだけれども5年後の方がさらに利益が期待できると判断される場合に、あらためて保有年数を5年延ばすというスタンスにしましょう。そして、いつでも売却できる体制を整えておけば、リスクに対応できます。

Point

- 不動産投資における出口戦略の基本はシミュレーション。最悪の事態を想定することで、適切な対応をとれる。
- 「持ち切り」は、20〜30年後を予測する作業が必要になるので、難度が高い。5年間隔で売り抜ける想定がベター。

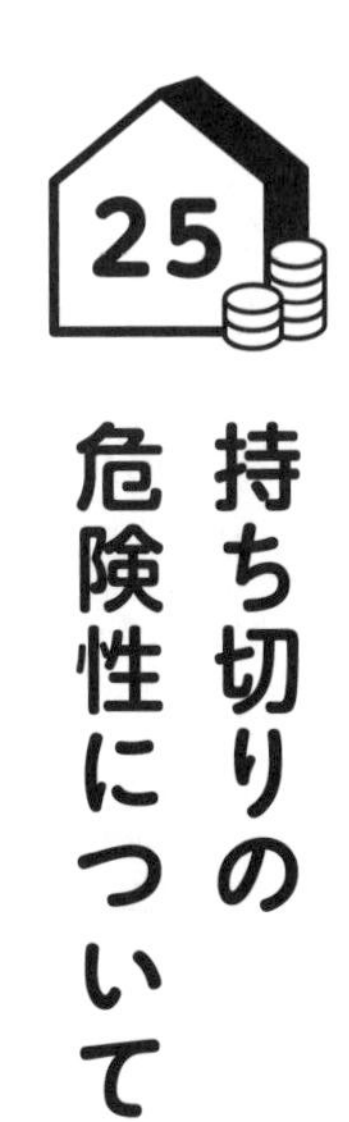

持ち切りの危険性について

本項では、はじめから「持ち切る」と決めている方でも知っておいた方が良い長期保有の4大リスクを考えてみたいと思います。

▼不動産長期保有の4大リスク

❶大規模修繕リスク

大規模修繕とは、建物全体についての補修工事です。雨漏り対策の屋上防水、外壁の塗装工事、エレベーター交換、給排水管の交換など多岐にわたります。

1000万円以上かかる修繕工事もざらにあります。トラブルが起こってはじめて問題になるので、時期は予測つきません。ババ抜きにおけるジョーカーのようなものです。目に見えて崩壊をすることはありませんが、いずれ誰かが持っているときにトラブルが起きます。ババをひかされた人は、物件を大きく改修するか、あるいは壊して再利用しなければなりません。

❷ 維持コスト上昇のリスク

減価償却が法定耐用年数を過ぎるとなくなってしまいます。すると以前に比べ大幅に経費が減ってしまいます。**収入が同じなのに関わらず、費用が少ないため、支払う税金が多くなります。**

さらに**老朽化により、入居者を集めるのが大変になってきます。**そのため、部屋をリノベーションしたり、広告費を増やしたり、インターネット無料サービスを追加するなど物件の魅力をアップする対策が以前より多く必要となります。

相対的に管理費用は高くなります。

❸金融機関の評価リスク

経年によって、物件の評価は下がります。物件の本来的な価値、住み心地などに関係なく、評価は年々下落します。積算評価は、残存期間が短くなるので建物の価値が下がり、収益還元評価では、融資年数が短くなり還元利回りが上がるからです。**金融機関の評価は、そのまま売却価格に直結します**。買い増しをする場合でも、古い物件を持っている場合は信用毀損となり、足かせになります。

❹売却先リスク

築古物件は金融機関の評価が低いです。評価が出なければ足りない分を現金で補填する必要があります。現金を多く持っている方は、物件の選択肢は豊富にあるので高値では買ってくれません。

また、大規模修繕の必要が発生してから、**入居率が低下してから売却に踏み切る場合、購入するのはほとんどプロの業者や投資家だけです**。もちろん、相手がプロである以上、買い叩かれるのは目に見えています。

そうした事後処理まで考えてみれば、必ずしも持ち切りが魅力的だとは考えないはずです。**投資において、永遠に金のなる木はありません。**

▼じっくりと構えられるのが不動産投資の魅力

持ち切りが危険だと言っても、保有不動産の売却について、慌てる必要はありません。**不動産投資の魅力は、価値の変動がゆるやかなこと**です。もちろん、バブル崩壊のような事態が起こると価格が急激に下落しますが、合わせて家賃が急減に下がることはありません。金利についても同様で、**じっくりと構えていながら対策を講じられるのが不動産投資の魅力**なのです。

よりたくさんのお金が稼げる可能性があるのに、その手法をとらない人はいません。じっくりと構えられる不動産投資のメリットを最大限に活用し、より賢く立ち回りましょう。

▼最後は外国人投資家に買ってもらう

相当数が経過してしまった物件は、どの金融機関も融資してくれない場合があります。

そうなると、一般のサラリーマンには手が出せないことになります。

そうしたとき、実は、プロに買ってもらう以外にも方法があります。**外国人投資家に買ってもらう**のです。

今、日本の不動産は、外国人投資家から注目を集めています。**キャッシュで購入してくれる**ので、銀行の評価は関係ありません。

外国人投資家が日本の物件を購入する理由は、そこに住むためではなく、投資用としてですが、実は、日本の「**ビザ**」やその先にある「**永住権**」という魅力も大きいのです。

日本とのビザ免除協定を結んでいるアジアの国々・地域は、シンガポール、ブルネイ、韓国、台湾、香港、マカオのみです。日本人である我々にはわかりにくいですが、外国人が日本を旅行するためのビザを取得するには、様々な障害があり、手間もかかります。その上、年収制限や添乗員付きという条件がつく場合もあります。日本に気軽に出入りできる「ステータス」を望む外国人は多いのです。そこで「不動産経営」という名目が役立ちます。日本の不動産を持っていることで、まず来日する目的が明確になります。また、法人化して不動産運営を長年することにより、「永住権の取得」の可能性もゼロではありません。

ただ、日本の「ビザ」が魅力だからといって、何でも買ってくれるというわけではありません。彼らは**投資家としての目は肥えていますので、相応の利回りを求めてきます**。

外国人投資家に買ってもらうという手法は、ラスト・エスケープ、つまり**最後の手段**です。また、外国人投資家を専門に扱っている不動産会社は、海外でセミナーを行って集客しているため、売却を依頼した際、相応のコストがかかります。その点をしっかりと考慮しておきましょう。

Point

- 不動産の長期保有には様々なリスクがある。子や孫に負担がかかる可能性もあるので、持ち切りは決して魅力的ではない。
- 不動産投資の魅力は価値の変動がゆるやかなで、じっくり対策を講じられることを忘れないようにしよう。

売却価格の決定と手続きはこう進める

本項では、物件の売却価格の計算と手続きについて説明します。

▼基本は買ったところに売る

保有している物件の売却先として、もっとも妥当な選択肢としては、購入した不動産会社で売却することが挙げられます。

不動産を売却しようと思ったら、不動産会社と媒介契約を結び、レインズ（物件情報を交換するためのネットワーク）に情報を掲載するなどの方法が一般的です。レインズに掲載される情報は、公開情報となります。

ただし、業界内の常識としては、公開物件よりも未公開物件に人気が集まります。なので、購入する際に利用した不動産会社を通し、未公開物件として取り扱ってもらうことで、スムーズに買い手が見つかり、高値で売れる可能性が高まるのです。

▼売却時の税金と手取り額

売却する際には、税金をまず考えます。売却して利益が出ると税金を支払います。**いくらで売れたかよりも、いくら手取り金額が残るかが重要です**。

では、手取り金額はどのように計算するのでしょうか？

手取額＝売却金額－（ローンの残債＋売却にかかった費用＋税金）

という計算式になります。

ローンの残債は、返済予定表にて確認が可能です。また、売却にかかる費用は、仲介手数料と抹消費用と銀行の繰上げ返済手数料です。銀行によっては、返済手数料が高額になる場合があるので売却前に確認が必要です。

次に、税金はどのように計算するのでしょうか？


税金＝（売却金額－〈売却にかかった費用＋取得費〉）×税率

税率は、保有期間により違い、5年以下の短期で39.63％（所得税30.63％、住民税9％）、5年超の長期で20.315％（所得税15.315％、住民税5％）かかります。

最後に、取得費はどのように計算するのでしょうか？

取得費＝購入価格－減価償却（※）

となります。

複雑ですよね。**ポイントは、減価償却分を差し引きすること**です。減価償却は、保有時でも毎年の経費になるので、節税対策に用いる反面、売却するときは考慮が必要です。

計算が面倒な方は、購入した不動産会社か税理士に聞けば、教えてもらえます。

図表 21-1　手取金額の計算方法

売却価格	4600 万円	4500 万円	3700 万円
ローン残債	4143 万 1100 円	3958 万 5100 円	3172 万 2500 円
売却時仲介手数料	155 万 5200 円	152 万 2800 円	126 万 800 円
抹消登記費用	5 万円	5 万円	5 万円
税金	75 万 909 円	49 万 3085 円	14 万 11 円
手取金額	221 万 2791 円	334 万 9015 円	382 万 6689 円

図表 21-2　取得費の計算方法

■購入当初：借入金額 5000 万円、金利 2.5%、借入年数 23 年で試算

	5 年後（短期）	6 年後（長期）	10 年後（長期）
購入価格	5000 万円		
減価償却 (年間150万円とした場合)	750 万円	900 万円	1500 万円
取得費	4250 万円	4100 万円	3500 万円

※減価償却とは、購入した年に一括して費用として計上するのではなく、建物や設備のように年々価値が減少する「償却資産」を利用可能な年月に分けて、毎年費用として計上しようというものです。建物や設備が対象となり、土地のように年数を経ても減価しないものは対象とはなりません。

▼売却価格を想定する

売却価格については、市場環境をチェックすることで、具体的に想定できます。

まず、同じ地域の物件がどれくらいの利回りで取引されているかを知ります。

大体の利回り感が掴めたところで、つぎにポイントとなるのは融資です。

期間と年数と金額の数字が分かると売却価格がわかります。

図表21－3で、**現況の年間キャッシュフロー構成比が都心エリアは15％以上、地方都市で20％以上であれば、売却できる可能性は高い**です。

そのためには、ローン返済の構成比が重要となります。融資期間が短くなったり、金利が高くなると、ローン返済の負担が重たくなる構成比が上がります。

図表21-3　年間キャッシュフローと構成比

■5年後、借入金額4600万円、金利4.5%、借入年数28年、家賃下落5%で試算

項目	金額	構成比
[年間収入合計]	478万8000円	100.00%
管理費（PM・BM込）	62万5484円	13.06%
固定資産税	27万3857円	5.72%
ローン返済	289万2367円	60.41%
[年間経費合計]	379万1708円	79.19%
年間キャッシュフロー	99万6292円	20.81%
月間キャッシュフロー	8万3024円	

■10年後、借入金額3700万円、金利4.5%、借入年数21年、家賃下落10%で試算

項目	金額	構成比
[年間収入合計]	453万6000円	100.00%
管理費（PM・BM込）	61万4648円	13.55%
固定資産税	27万3857円	6.04%
ローン返済	272万6679円	60.11%
[年間経費合計]	361万5184円	79.70%
年間キャッシュフロー	92万816円	20.30%
月間キャッシュフロー	7万6735円	

管理費と固定資産税は、大体14〜15%が一般的ですが、実際の金額がわかっているのであれば、その数字を入れて下さい。**「いくらで売れれば、いくらプラスになる」**ということを把握しておきましょう。

とくにここ数年に関して言えば、シミュレーションから大きくずれてマイナスになるということは、ほとんどありません。それだけ市況が盛り上がっているということに加え、不動産にとってプラスの材料がそろっているからです。

▼損益分岐点を想定する

損益分岐点とは、「物件の購入→保有→売却」という投資の流れの中で、購入価格や購入時の経費から管理している際の家賃収入と経費、融資の残債を考えた場合、**プラスマイナスゼロになるところ**を指します。仮にその価格で売却した場合、得も損もせず売り抜けることが可能である数字ということになります。節税メリットまでは算出しないので、少なくともそのときは節税分の得があったと考えられます。

計算方法ですが、先ほど想定した売却価格を元に計算します。トータルの利益を算出し

図表 21-4　損益分岐点の計算方法

	5年後（短期）	6年後（長期）	10年後（長期）
売却損益	224万5191円	334万9014円	374万7004円
購入時支払費用	−212万3400円		
保有時キャッシュフロー	634万5695円	761万4834円	1269万1390円
家賃下落と リフォーム費用想定	−158万6424円	−190万3709円	−444万1987円
最終損益	488万1062円	693万6739円	987万3007円
損益分岐点 （売却価格−最終損益）	4111万8938円	3806万3261円	2712万6993円

て、想定した売却価格から引いたところが損益分岐点になります。トータル利益とは、キャピタルゲインとキャッシュフローの合計を指します。キャピタルゲインについては、前々項で求めた手取り額になります。次に、キャッシュフローですが、購入時から売却時までのキャッシュフローの合計を計算します。その際、試算で求められる数字に空室率やリフォーム代として手取り収入の20％ほどを追加の経費で見ておきましょう。

これから投資をはじめる方は購入時に将来を予測する試算をし、すでに投資を行われている方は自身が持っている物件の損益分岐点を把握してみてはいかがでしょうか。

損益分岐点を把握することで、心に余裕を

持って投資を進めることができるようになります。

▼売却の手続きはかんたん

具体的な売却手続きについては、とっても簡単です。**オーナーがしなければならないことは、抹消の手続きぐらい**です。費用も、3万〜5万円ほどです。あとは、金融機関にお金を返す旨を伝え、粛々と作業を進めていくだけです。

ここでの注意点ですが、金融機関に売却を告げてから、「**抹消書類**」という書類の入手まで1カ月ほど時間がかかる場合があります。急ぎの買主を取りこぼしてしまうこともありますので、売却を決めたら早めに金融機関に確認をしましょう。

基本的には、不動産会社の言うとおりに進めていけば、困ることはありません。契約時に必要な書類などについても、すべて教えてくれます。

ただし、先のことを考えて、**お世話になった業者にあいさつするのを忘れないようにしましょう**。これからも不動産投資を継続していくと考えているのなら、またお世話になるかもしれません。そうでなくても、チームとして一緒に不動産投資を行ってきたのですから、感謝の気持ちを表わすのは大事なことです。

関わった業者などをリスト化しておけば、そういった業務もスムーズに行えるでしょう。

Point

- 物件の売却価格の計算は複雑だが、市場環境をチェックすることで具体的に想定することは可能である。
- 物件の売却手続きは、不動産会社のほうで進めてくれるので、オーナーのやるべきことは多くない。関わった業者との縁は大切にする。

売却後の不動産投資の継続はどのように行えばいいか

不動産投資の黄金パターンは購入と売却をくり返して、徐々に投資の規模を拡大していくことです。ここでは売却後の投資の進め方について説明します。

▼1棟目のノウハウを活用する

物件を売却したあとは、次の投資についての検討をはじめます。その際に大事なのは、融資についてです。つまり、**次の物件を購入するにあたって、どのくらいの融資が可能かを見積もることが最初の作業**となります。

もちろん、どのくらいの融資が可能かは物件によってまちまちです。融資の項目でもお話したとおり、人的な審査や不動産会社の審査も影響します。ある程度、使える自己資金が貯まっているのであれば、それも活用するべきでしょう。

2棟目に取り組むにあたっては、1棟目のノウハウが大いに活用できます。同様に、構築できた人脈をそのまま活用することも可能です。さらなる収益を目指して、3棟4棟と購入することも検討できるでしょう。

▼不動産投資を継続するために必要な発想

そのようにして、不動産投資を継続していけば、より大きな利益を得ることができます。サラリーマンとして働きながら不動産投資を実践していた人のなかには、脱サラして、不動産投資を本業にしている人もいます。

あるいは、自分で投資を実践しつつ、私のようにコンサルタントをしている人もいます。その後の展開はさまざまですが、実現したい未来があるのなら、不動産投資に挑戦して叶えるというのも、やりがいがあるかと思います。

お金というものは、レバレッジを効かせることによって、どんどん増えていきます。もちろん、お金を増やすことそのものは目的とはなり得ませんが、必要な額を稼ぎつつ、さらなる高みを目指すというのは、決して悪いことではありません。

日本人の多くは、まだまだお金や投資に対して誤ったイメージを持っているように感じます。そのようなイメージに惑わされることなく、**これから訪れるであろうさまざまなリスクに対応するために、発想を転換して、不動産投資を継続していただければと思います。**

Point

- 2棟目の投資を行う場合、最初に考えなくてはならないことは、どのくらいの融資を引き出せるかである。
- 不動産投資の継続には、日本人にまだまだ染み付いている投資やお金に対する誤ったイメージの払拭が必要である。

Column 7

短期と長期の税金について

税金は、発生した利益に課されるのが基本です。ただし、不動産投資においては、徴収される税金についても「短期」と「長期」の2種類で考えなければなりません。これは、所有している不動産を売却するときに考えるべきことです。

課税対象となる所得は次のとおりです。

課税所得＝売却価格－（取得費用＋譲渡費用）－特別控除

短期譲渡所得というのは、不動産を所有して5年を経過した日の年末を過ぎないうちに発生した売却利益に課される税金です。所有期間が5年以下であることを意味します。具体的には、所得税が30％、住民税が9％、計39％の税金が課されます。

一方、長期譲渡所得は、不動産を所有して5年を経過した日の年末を過ぎてから発生した売却利益に課せられる税金です。所有期間が5年超であることを意味します。具体的には、所得税が15％、住民税が5％、計20％の税金が課されます。

たとえば、12月20日に不動産を購入した場合、5年後の12月20日で5年経過した

図表22　短期と長期の税率

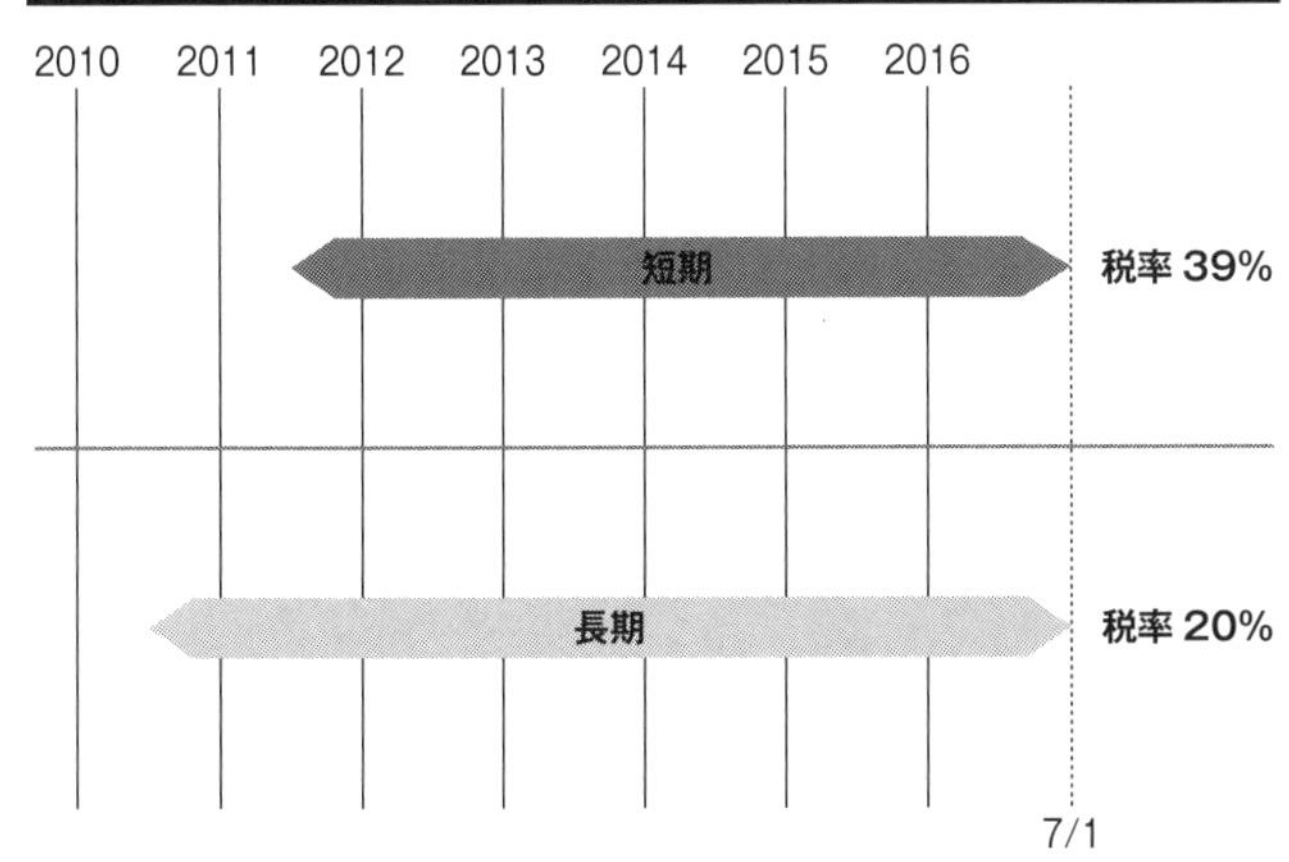

ことになります。そうなると、すぐに年末を迎えることになるので、少し待つだけで税金が安くなるのです。

しかし一方で、1月3日に不動産を買った場合には、5年後の1月3日からさらに1年ほど待たないと、税金は安くなりません。つまり、ほぼ6年待たなければ、長期にならないということです。

このような税金の知識がなければ、それだけで大きな損をしてしまう可能性があります。

（※）平成25年から平成49年までは、上記の他、復興特別所得税（基準所得税額×2・1％）が課されます。

第8章

これからの不動産投資

これからの不動産投資をめぐるマクロトレンド

本書の最後の章として、不動産投資のこれからについて考えていきます。まず、日本経済の長期トレンドについて概観してみましょう。

▼人口減少と少子高齢化が不動産投資に与える影響

不動産投資はその特性上、購入から売却までの期間に5年以上かける長期的な投資スタンスに向いています。そのため、**不動産を取り巻く市場の動向や変化をいち早く察知して戦略を変化させることで、リスクを回避したり、成功率を上げることにつながります。**

まず、将来を読み解くうえで、「**少子高齢化**」という問題を避けては通れません。

ご存じの通り、2008年以降、日本の人口は減少しています。2030年には、現在と比べ9・2%も人口が減るという予測が立てられています。人口減少により、「消滅可能性都市」という言葉も出てきました。

また、高齢化社会により将来は3軒に1軒が高齢化世帯になると言われています。高齢化世帯に加え、晩婚化や未婚率の増加により、1世帯あたりの人数は少なくなるでしょう。

ただ、**予測ができているのであれば、それぞれに対策を講じることができます**。

①人口減少

人口減少は、あくまで日本全国を平均化した話です。地域や都市ごとのデータを見ると、逆に人口が増加したり現状を維持できる場所もあります。仮に投資をしようとしていたエリアが大幅な減少エリアにあれば、わざわざそこで投資をする意味はないですよね。

購入前に、**融資を組む期間プラス5年までの統計**を確認しておきましょう。インターネットでも確認できますし、不動産会社に資料を求めても良いでしょう。

図表23　2015年を100とした場合の2050年の人口状況

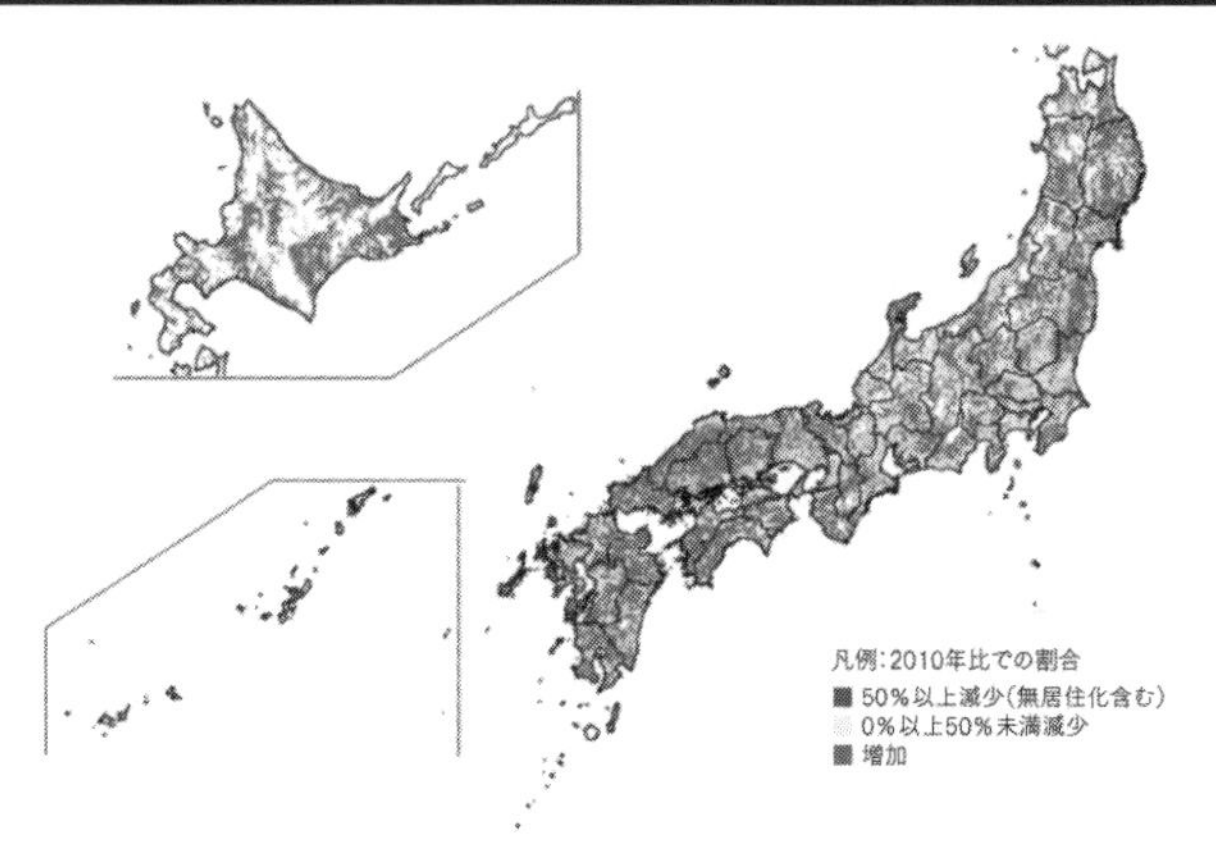

（出典）国土交通省ホームページ

②高齢化

高齢化により、**エレベーターがない階段物件の4階や5階は、今後入居が困難になることが予想されます**。これまで、エレベーターがついていない物件は、ランニング費用（年50万円、交換1000万円）を抑えられるのでオーナーにとって魅力的とされてきました。しかし、「高齢者世帯の入居者を取り込むためにエレベーターは必要」と考えるのであれば、今後は立場が逆転する可能性もあるでしょう。

③少子化

今後、**郊外のファミリー向け物件の需要は落ち込む可能性が高いです**。高齢化にプラスして、女性の社会進出などによる「晩婚化」や「未婚率の増加」「離婚率の増加」により、単身者もしくは人数が少ない世帯が増えるからです。

また、高齢者の車の運転については、今後不透明な部分があるため、車がないと生活できない郊外のファミリー物件は注意が必要です。

逆に、**利便性が高いファミリー物件は、賃料やリフォームなどで狭い部屋と差別化を図れば十分投資対象となります。**

Point

- **不動産投資は長期的な投資スタンスで行うもので、不動産市場を取り巻く市場の動向や変化を察知して、対策をとることが可能である。**
- **「人口減少」「少子化」「高齢化」は不動産投資全体から見ればリスクであるが、個々の地域、個々の物件ごとに勝算はある。**

民泊・シェアハウスは不動産投資にとって新たなチャンスとなるか？

現在話題となっている「**民泊**」「**シェアハウス**」を不動産投資の観点から解説したいと思います。現実に法改正が追いついておらず、運用でのトラブル事例も多々報告されているので不透明な部分も多いのですが、不動産投資の新たなチャンスとして日ごろから情報収集しておくのもいいでしょう。

▼なぜ「民泊」が話題となっているのか

政府は、東京オリンピックを開く2020年に訪日外国人数を2015年の2倍以上の4000万人に増やす目標を掲げました。観光客ビザ発給要件の緩和など戦略も打ち出しています。

日本では少子化による人口減少で国内需要の先細りが懸念されており、訪日外国人によるインバウンド消費の増加が国内需要の落ち込みを助けるのではと期待されています。

不動産投資に関しても例外ではありません。すでに大都市ではホテル不足が深刻となっています。２０１５年の東京都内の主要18ホテルの客室平均稼働率は84・５％。80％超の稼働率はほぼ満室に近い状態を指します。

そんな宿泊施設不足を解消すべく、２０１６年４月より、いわゆる「民泊」が全国解禁になり、盛り上がりを見せています。

「民泊」とは、個人間で短期的に賃貸契約を結び、１泊の料金を設定して１泊から部屋を貸すシステムです。空き家・空き室対策や物件の収益力アップと不動産投資の幅を広げる新しい方法として、注目されています。

▼不動産投資と民泊

民泊は１部屋あたりの貸し出し期間を変えることで、物件トータルの賃料を上げること

ができるというメリットがあります。

通常の賃貸は入居期間2年間を1区切りのスパンにするのが一般的です。それを1カ月ないし1週間にしたのが、マンスリーマンションやウィークリーマンションです。月ぎめの賃貸家賃と比べると賃料は割高となります。しかし、家具や家電が設置してあるので、短期出張や引越しの間の仮住まいなど長期の賃貸を希望しない人や初期費用を抑えたい人は高くても利用します。これをさらに小分けしたのが、旅館やホテルと同じように1泊単位で賃貸料金を設定する民泊なのです。

民泊は、人数も「1部屋に1人」という制限はなく、3LDKの部屋に3人が一緒に泊まるという場合もあります。ただ、**貸し出し期間を小分けにすることで管理の手間は増えます。**この後は、実際に民泊で貸した場合にどのような手間が生じるかを説明します。

▼民泊の進め方

まず、募集をするための準備です。部屋を作りましょう。必要な状態であれば、簡単なリフォームをします。インターネット環境がない場合は整備します。そして、家具や家電、食器類を購入して搬入します。これで部屋作りは完了です。**万が一のために家財保険に入っておきましょう**。

次は、物件情報を民泊サイトに掲載します。サイトは「airbnb（エアービーアンドビー）」が有名ですが、「homeaway」など他のサイトと比較して、自分のタイプに合わせて使い分けましょう。閲覧数やコストに違いがありますので、比較をしているサイトも参考になるでしょう。

どのサイトを利用するかにより違いますが、基本的には、①物件の写真撮影をし、②宿泊料金の設定、③アメニティーや④ハウスルールを明記します。**ハウスルールをしっかり決めて守らせることは、近隣トラブルを少なくする上で重要**です。**問い合わせには迅速に対応することを心がけましょう**。チェックインについては、現地でカギを渡すこともできますが、飛行機の到着が遅れる場合もありますので、キーボックス対応が無難です。

宿泊者がチェックアウトしたら、清掃と点検をします。盗難や破損があった場合の対応が必要になります。また次に泊まる人のために食器類やマット類などを取り替えておきましょう。

これだけの作業が毎回必要になります。手間と時間と労力のバランスを考える必要があります。

▼民泊にもある代行業者

不動産投資と同様、民泊にも管理代行業者がいます。代行業者も清掃や予約管理だけを行う会社もあれば、すべて任せられる会社もあります。

インターネットで「民泊代行」と入力すると色々な会社の情報が出てきます。しかし、一般的な管理会社と違って、**宿泊管理業務の代行は手間も人件費もかかるため、宿泊料金の20～50%と高額になります。**

したがって、トータル収入から管理代行業者への支払い、家具家電代に電気・ガス・水道などのランニングコストを考え、**本当にメリットがあるのかどうか試算する必要があります。**

図表24　宿泊施設に関する現行法制の枠組み

	宿泊施設の提供			住宅の賃貸
	許可が必要			旅館業法は適用されず、許認可などの規制はない
	ホテル	旅館	簡易宿所	
旅館業法	●洋室9㎡以上 ●10室以上 ●フロント設備が必要	●和室客室7㎡以上 ●5室以上 ●フロント設備が必要	●延べ床面積33㎡以上 （フロント設備は自治体の条例で必要とされる場合あり）	
建築基準法	住居専用地域では不可 住宅より厳しい防火基準など。			居住用住宅と同じ規制
消防法	住宅では求められない誘導灯設置などが必要			居住用住宅と同じ規制

▼民泊に関する規制緩和の状況

　一般住宅に有料で観光客らを泊める「民泊」について、厚生労働省と観光庁の有識者会議は2016年3月25日、現行の旅館業法の「**簡易宿所**」として許可を取りやすくするため、面積に関する基準やフロント設置の要件を緩和することを決めました。これまで違法状態で営業していたマンションの空き部屋などの小規模施設も自治体からの許可を得やすくなり、事実上の解禁となったことで、全国で民泊の活用が見込まれています。

　有識者会議はすでに、民泊を旅館業法の簡易宿所として位置づけ、自治体による許可制とすることで一致していました。旅館業法に基づく政令では、簡易宿所の延べ床面積は「33平方メートル以上」と規定されていますが、改正政令では定員1人当たりの面積を新基準として設定します。

▼民泊で生じている問題点・トラブル

「マンション内で民泊をやっている部屋があるらしい」といった話は、あちこちで耳にするようになりました。外国人宿泊客の騒音・ゴミ出し・マナーの悪さなどの苦情が急増しています。

旅館やホテルの部屋なら、多少の騒音はカバーできる構造にしてあるし、ゴミなどはスタッフが片づけます。宿泊客のマナーが悪ければ注意をする場合もあるでしょう。

しかし、民泊は人がほぼ介在しないため、そうしたケアがまったくなされず、現時点では野放しになっています。マンションの1室で行う場合には、マンションの管理規約を確認する必要があります。最近では、1週間や10日以内での賃貸を禁止するマンションも出てきています。

貸し出す側がルールを把握すること、ルールを宿泊者に守らせることで、周辺住民と利用者の調和を図ることが今後は大事になってくるでしょう。

▼不動産投資とシェアハウス

新しいビジネスチャンスとして、「シェアリング・エコノミー」というマーケットが欧米を中心に広がりを見せています。「所有」にとらわれない、モノ・お金・サービスなどの交換や共有により成り立つ経済のしくみです。カーシェアリングをイメージしていただくとわかりやすいでしょう。

不動産における「住まいを共有する」という新しいしくみに「シェアハウス」と呼ばれるものがあります。

シェアハウスとは、キッチンやリビング、バス、トイレなどの設備を共用しながら、大勢で暮らす共同住宅のことです。リノベーションの仕方に特徴があり、コンセプトを設けて、シェアハウスごとに特色を出すことが求められます。建物の築年30年以上の物件でも、新築の物件でも可能なので、幅が広いのが特徴です。

たとえば、「サーファーが集まる」庭にシャワーとサーフボードを置く専用の物置があったり、「ライブ好きが集まる」防音効果の優れた部屋を用意したり、「古民家に住む」など、独自性を出すことで高い入居率で運営することが可能です。

メリットとすると、オーナー側は1人に貸すより賃料収入が高いという点が挙げられ、入居者側は「入退去が簡単」「人の輪が広がる」「安心感がある」といった点が挙げられます。また、空き家問題が深刻化している中、リノベーションしてシェアオフィスとして再利用するという取り組みも行われています。

住宅地で行うことが多いので、近隣住民との調和を意識し、基本的なルールを入居者に守らせることが重要です。

▼シェアハウスにもある管理会社

民泊と同様、シェアハウスにも管理代行業者がいます。

シェアハウスの管理・運営および入居募集は特殊で手間がかかるため、普通の管理会社では対応できません。そのため、**専門の管理会社に任せる必要があります。**

管理会社を選ぶ際は、実際に管理している物件を見せてもらって、シェアハウスの入居者間の雰囲気やゴミ出しなどを確認すると良いでしょう。シェアハウス内でのトラブルや入居者間のトラブルについてヒアリングすることも忘れないようにしましょう。

しかし、普通の管理会社と違って、シェアハウスの運営代行は手間がかかるため、管理費は家賃の20～30％と高額になります。

Point

- 訪日外国人の急増によるホテル不足、空き家不動産の増加などを背景に、「民泊」ビジネスが急成長している。
- 民泊を不動産投資の観点から考えた場合、新たなビジネスチャンスとも言えるが、今後の推移を見守る必要がある。

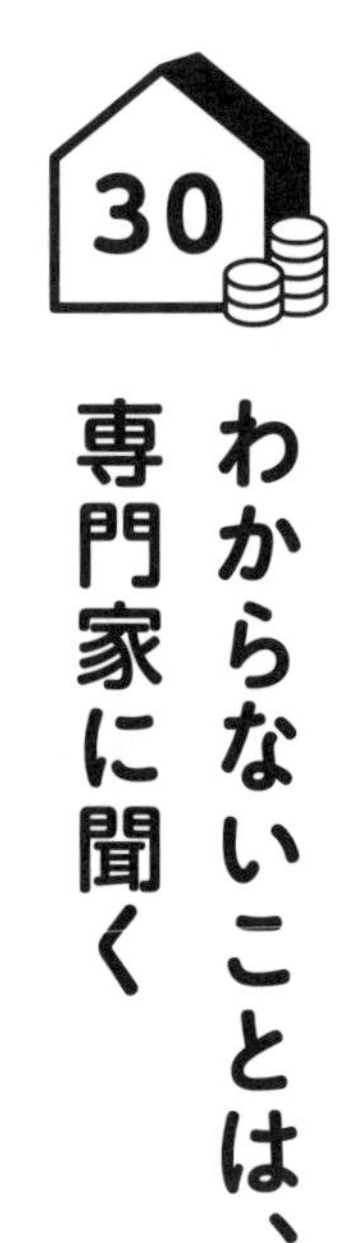

わからないことは、専門家に聞く

▼不動産投資におけるコンサルタントの役割とは

本書の最後に、不動産投資におけるコンサルタントの役割について、簡単に触れておきたいと思います。

コンサルタントは、専門的な知識を提供することによって、相手方の業務の発展や成長を助けることを仕事としています。

業務は、依頼者の現状を把握したうえで、あらためて将来の目標を確認し、そのための道筋が正しく設計されているのかを診断することからはじめます。もし間違っているのなら修正するようアドバイスしますし、すでに方向転換ができなければ最善の策を提供することになります。

ただ、不動産投資において、コンサルタントがもっとも力を発揮できるシーンは、アドバイスではありません。それは「**人脈の紹介**」です。本書で繰り返しお伝えしたとおり、不動産投資を成功させるうえで大切なのは、**関わる人々との連携および友好な関係の構築**です。加えて、**より良い業者との出会い**がなにより重要なのです。

▼大変なのはパイプづくり

不動産投資のコンサルタントは、自身で不動産経営をしていることも多く、業者とすでに太いパイプを持っています。

優秀なコンサルタントともなれば、全体のプラン作成に協力してもらいつつ、その先にある業者の紹介も併せてしてくれます。とくに、地方都市の物件の場合、現地に行って交渉するにしても、どこの業者が優秀なのかがわからず、探すのに大変な労力がかかります。

プロの持つパイプをそのまま利用することで、想定されるリスクを軽減でき、人脈を一か

ら構築する手間が省けるのです。

人脈に関しては、いくら本を読んで学んでも、あるいは資格を取得しても、カバーすることはできません。

▼日本にはまだ少ない不動産投資コンサルタント

日本にはまだ、不動産投資に関するコンサルタントが少ないのが実情です。不動産業は「稼ぎたい」という理由で入る人が多く、コンサルタントは地道な仕事だからでしょうか。

最初の一歩を踏み出すのであれば、まず、**気軽に相談してみる**ことです。これから不動産投資に取り組もうとしている方と、コンサルタントは、お互いに目指すところも利害も一致するパートナーと言えるのではないでしょうか。

少なくとも、「プロに依頼していれば赤字にならずにすんだのに……」という状況にだけは、ならないように注意してください。結果がすべての投資では、あとの祭りですから。

▼今後の可能性

相続税対策と不動産の関係は昔から根強くあり、税制が改正された今、さらに加速されることが予想されます。また、マイナス金利時代に突入し、為替や日経平均は日々大きく乱高下を繰り返し、予測が立てにくい状況が続いています。そんな中、数少ない「**リスクの少ない資産運用**」である不動産は今後も注目されていくでしょう。

本書で身につけていただいた知識が、これから不動産投資を始める方、すでに不動産投資を行っている方の「転ばぬ先の杖」としてお役に立てたのであれば、うれしい限りです。

Point

- 不動産投資コンサルタントがもっとも力を発揮できるのは、「人脈の紹介」である。コンサルタントの持つパイプを最大限活かそう。
- 不動産投資コンサルタントは日本ではまだまだ少ない。まずは気軽に相談することから始めてみよう。

Column 8

不動産投資でいちばん大切なこと

「はじめに」でも少し触れましたが、不動産投資でいちばん大切なことは「チームづくり」です。

「投資」と聞くだけで個人プレーであると勘違いする方もいますが、本文で繰り返し説明したとおり、こと不動産投資の場合、関係者と友好的な関係を構築することが大切です。

たとえば、購入先の不動産会社、管理を委託する管理会社、リフォームをお願いするリフォーム業者、税務を任せる税理士などはその代表です。はじめて不動産投資に取り組む場合には、私のようなコンサルタントに頼むという方もいるでしょう。

このように、不動産投資にはたくさんの人間が関係しています。直接やりとりすることはないかもしれませんが、住人もまた関係者です。数ある投資の中で、人間臭い部分が多分にあるのが不動産の特徴と言ってもいいでしょう。

では、チームづくりにおいて大切なことはなんでしょうか。なにも無理にリーダーシップを発揮する必要はありません。むしろ「自分は出資者あるいは投資家という役割を演じているだけで、決して主役ではない」というスタンスのほうが好印象を与えられるかもしれません。

少なくとも、決して〝上から目線〟で対応するべきではないと思います。実際に、実務にあたるのは業者のみなさんです。いくらお金を払っているからと言って、嫌われてしまえば、良い仕事をしてくれない可能性もあります。

気持ちよく仕事をしてもらい、自分は投資全体の戦略構築や必要な費用を捻出するだけの役割に特化しておく。それが結果的に、不動産投資を成功に導く秘訣となるでしょう。

おわりに

▼不動産投資はおもしろい

本書を最後までお読みいただき、誠にありがとうございました。これから不動産投資に取り組もうとされる方にとって、本書が背中を押すきっかけとなれれば幸甚です。

お読みになって、不動産投資に対する認識は変化したでしょうか。「親近感が湧いた」「自分には向いていないと思った」「実践してみる気持ちになった」など、感想はさまざまかと思います。

ただ、私の率直な気持ちを言えば、不動産投資は本当におもしろいのです。

個人的な事情をお話させていただくと、私は幼少の頃から、設計の仕事をしていた父に連れられて、物件巡りや測量の手伝いをしていました。さらに、大学卒業後には大手不動産会社に8年ほど勤務した経緯もあります。そのような過程を経ているため、不動産への愛着がひとしおであることは言うまでもありません。

また、そもそも日本人には不動産好きが多いように感じます。バブル期の嫌な思いを引きずっている方も一部にはいるかもしれませんが、家や土地に対する価値が絶対視されているのも事実です。

賃貸か持ち家か、一戸建てかマンションかなど、不動産に関する議論も盛んに行われています。子どもに残す財産として、あるいは相続税対策として、不動産投資を検討する方も増えています。

▼失敗する人を減らしたい

このように、不動産に対する愛着がある私が思うのは、「不動産投資で失敗してもらいたくない」ということです。成功体験をなぞるだけ、あるいは「成功か失敗か」という結果だけにしか注目していなければ、不動産投資を楽しむことはできないと思います。

それでなくても、日本では、投資に対して悪いイメージをお持ちの方が少なくありません。それは、スキャンダル的に失敗例ばかりが盛んに取り上げられているからに違いありません。もし、資産運用の一般的な手法として、不動産投資がもっと普及すれば……。少なくとも、資産のあり方は変わるはずです。

基礎的な知識がなければ、耳あたりの良い情報に踊らされてしまうことになります。巷には「自己資金不要」「だれでもできる」というようなキャッチコピーがあふれていますが、その裏にあるしくみを知らないことには、健全な投資はできません。

そしてまた、たとえ成功したとしても、「増えたお金を何に使うのか」ということが明確でなければ、結果的に幸せから遠ざかってしまうかもしれません。何のために不動産投資をするのか、どういった目的があるのか、使える時間や労力はどのくらいあるのか。そういったこととあわせて、不動産投資を考えていただきたいと思います。

▼時代によって変わる投資のかたち

いま、不動産投資を実践する方にとって、チャンスが到来しています。ただ、時代によって状況は異なりますので、最適な投資手法もまた適宜変えていかなければなりません。

そのときに頼りになるのは、土台となる知識と情報収集スキルと人脈です。たとえば、不動産投資に関連しそうな指標を日経新聞やテレビの経済ニュースでチェックしておく。そうした情報収集を毎日行っていれば、投資に対する感覚は自然と養われるはずです。

加えて、流れている情報をそのまま鵜呑みにするのではなく、「本当だろうか」「違う方法もあるのではないか」「この情報は間違っている」など、自分の頭で考えられるようになれば、もはや一人前の投資家です。

▼不動産のイメージ向上のためにも

私が意外に思うのは、投資に対して慎重な方がいる反面、地域分散などのリスクテイクをまったく考えずに投資をする方も多いということです。たとえば「不動産投資している総額は3億円だけど、すべて関東圏の物件だけ」、あるいは「3億円すべて木造の物件で持っている」などです。また、築年数が同じような物件ばかりだと修繕時期が重なる危険性もあります。これらは投資の基本から逸脱しています。

投資先や手法に偏りがあると、それだけリスクが高まるのは言うまでもありません。これは株式投資でも同じです。

大切なのはポートフォリオの構築です。一点だけを見るのではなく、トータルで考える。そのうえで、なにも不動産投資だけに固執する必要はありません。むしろ、株、外貨預金、投資信託、現金など、複数に分けて所有するのがもっとも望ましいでしょう。

本書では、とくに不動産投資の基礎についてお話しました。しかし実際には、不動産投資だけでなく、あらゆる投資を含めて、資産形成について考えてみてください。そのなかの一選択肢として不動産投資があたり前に存在するようになれば、きっと不動産投資のイメージも向上するのではないでしょうか。

最後になりますが、総合法令出版の田所陽一氏には多大なるご尽力をいただきました。この場を借りてお礼申し上げます。また読者のみなさまにおかれましては、最後までお読みいただきありがとうございました。

不動産投資業界のさらなる発展を願って。

2016年4月吉日　　株式会社キープラン　竹内健太

【著者紹介】

竹内健太（たけうち・けんた）

株式会社キープラン 代表取締役、不動産投資コンサルタント

1980年生まれ。神奈川県出身。設計の仕事をしていた父に連れられ、幼い頃から物件巡りや測量の手伝いをする。大学卒業後、三井不動産グループ会社に就職し、営業から営業企画、経理総務など多岐にわたる業務に従事。在職中8年間で200件以上の住み替えサポートの実績を残し、不動産投資会社にヘッドハンティング。300棟以上を販売し、50棟以上の運営管理でノウハウを学ぶ。業務の幅を広げるため、2014年に不動産投資コンサルタントとして独立。1年間で延べ1000人を超えるコンサルティングを行う。自らも6棟172戸を保有する不動産投資家である。「絶対損をさせない」をモットーにクライアントの資産運用をサポート。宅地建物取引士、公認不動産コンサルティングマスター有資格者。

株式会社キープラン

http://keyplan.biz/

本書でご紹介した不動産投資に関する様々な計算式が入ったエクセルのファイルをご提供します。ダウンロード方法は株式会社キープランのウェブサイトでご案内します。

＊本書に記載した情報や意見によって読者に発生した損害や損失については、
著者、発行者、発行所は一切責任を負いません。投資における最終決定は
ご自身の判断で行ってください。

視覚障害その他の理由で活字のままでこの本を利用出来ない人のために、営利を目的とする場合を除き「録音図書」「点字図書」「拡大図書」等の製作をすることを認めます。その際は著作権者、または、出版社までご連絡ください。

初心者でも自分で買えるようになるための不動産投資入門

2016年6月5日　初版発行

著　者　竹内健太
発行者　野村直克
発行所　総合法令出版株式会社
〒103-0001　東京都中央区日本橋小伝馬町 15-18
ユニゾ小伝馬町ビル9階
電話 03-5623-5121

印刷・製本　中央精版印刷株式会社

落丁・乱丁本はお取替えいたします。

ISBN 978-4-86280-502-7
総合法令出版ホームページ　http://www.horei.com/